बीजांकुर

केरल विश्वविद्यालय, केरल के स्नातक स्तर, चतुर्थ वर्ष,
प्रथम सेमेस्टर के लिए पाठ्यपुस्तक

बीजांकुर

केरल विश्वविद्यालय, केरल के स्नातक स्तर, चतुर्थ वर्ष,
प्रथम सेमेस्टर के लिए पाठ्यपुस्तक

सम्पादक

डॉ. स्मिता आर. नायर

डॉ. बिन्दुकला पी.एन.

डॉ. जयश्री एस.टी.

वाणी प्रकाशन

प्रकाशन के उत्कृष्टतम 61 वर्ष

प्रथम संस्करण : 2024

vaniprakashan.com

वाणी प्रकाशन

4695, 21-ए, दरियागंज, नयी दिल्ली-110 002

फ़ोन : + 91 11 23273167, 23275710

शाखाएँ

अशोक राजपथ, पटना-800 004, बिहार

कॉफ़ी हाउस कैम्पस, महात्मा गांधी मार्ग, प्रयागराज-211 001, उत्तर प्रदेश

महात्मा गांधी अन्तरराष्ट्रीय हिन्दी विश्वविद्यालय, वर्धा-442 001, महाराष्ट्र

36/ए, शेक्सपियर सरणी, रानी बिरला गर्ल्स कॉलेज के पास, कोलकाता-700 017, प. बंगाल

sales@vaniprakashan.in
vaniprakashan@gmail.com

Beejaankur
Edited by Dr. Smitha R. Nair
Dr. Bindukala P.N.
Dr. Jayasree S.T.

ISBN : 978-93-6287-987-5

मूल्य : ₹ 97

हर्ष प्रिंटर्स, दिल्ली-110 093 में मुद्रित

वाणी प्रकाशन का लोगो मक़बूल फ़िदा हुसेन की कूची से

अनुक्रम

बेसिक हिन्दी पार्ट 1

भाषा और व्याकरण	9
वर्ण विचार	10
शब्द विचार	14
वाक्य विचार	17
स्वर एवं व्यंजन	25
संज्ञा	29
लिंग	31
वचन	34
कारक	36
सर्वनाम	40
विशेषण	46

बेसिक हिन्दी पार्ट 2

क्रिया	53
काल	59
क्रियाविशेषण	64
सम्बन्धबोधक	68
समुच्चयबोधक	70
विस्मयादिबोधक	72
उपसर्ग और प्रत्यय	74
दैनिक जीवन में हिन्दी	78

वाक्य शुद्धि	86
सरल वाक्यों का अनुवाद	88
बोध प्रश्न	90
बातचीत	94
रचनात्मक लेखन	96
वर्णनात्मक लेखन	102
समाचार लेखन	103
संक्षेपण लेखन	104
पत्र-लेखन	107
डायरी-लेखन	111

बेसिक हिन्दी पार्ट 1

भाषा और व्याकरण

मनुष्य के भावों और विचारों के आदान-प्रदान का साधन है भाषा। भाषा के द्वारा मनुष्य अपने भावों और विचारों को दूसरों पर प्रकट करता है, इसी प्रकार वह दूसरों के भावों और विचारों को भी भाषा के माध्यम से समझ सकता है। इसीलिए कहा गया है–"भाषा मानव-मन और मस्तिष्क का दर्पण है।"

मोटे तौर पर भाषा के दो भेद होते हैं–कथित भाषा और लिखित भाषा। भाषा का मूल रूप तो कथित भाषा ही है। निकटवर्ती लोगों से विचार विनिमय के लिए कथित भाषा या बोलचाल की भाषा का प्रयोग होता है। लेखन पद्धति के आविष्कार के बाद ही लिखित भाषा का प्रचलन हुआ था। दूरवर्ती लोगों से विचार विनिमय के लिए लिखित भाषा का प्रयोग होता है।

भाषा का व्यवहार व्यापक होने के साथ-साथ उसमें रूपान्तर भी दिखाई देने लगे। तब भाषा के रूप को व्यवस्थित कर देना परम आवश्यक बन गया। तदनुसार भाषा व्यवहार के विभिन्न रूपों का विश्लेषण करके जो सामान्य नियम निर्धारित हुए, वही व्याकरण के आधार हैं।

भाषा और व्याकरण का अटूट सम्बन्ध है। व्याकरण ही भाषा को शुद्ध करके उसे सरल, सुन्दर और सुबोध बनाता है।

भाषा का मुख्य अंग वाक्य है। वाक्य शब्दों द्वारा और शब्द मूल ध्वनियों से बनते हैं। लिखित भाषा में प्रत्येक मूल ध्वनि के लिए एक चिह्न नियत कर लिया जाता है जिसे वर्ण कहते हैं। वर्ण, शब्द तथा वाक्य के विचार से व्याकरण के मुख्य तीन भाग किये जाते हैं–1. वर्ण विचार 2. शब्द विचार 3. वाक्य विचार।

अध्ययन की सुविधा के लिए हम पहले वर्ण विचार पढ़ेंगे और उसके बाद शब्द विचार और फिर वाक्य विचार।

वर्ण विचार

मानव वाग्यन्त्र से निकलने वाली मूल ध्वनि अथवा उसके चिह्न को वर्ण कहते हैं।

वर्णों के दो भेद हैं—स्वर और व्यंजन। वाग्यन्त्र से निकलने वाली हवा निर्बाध रूप से जब निकल जाती है तब स्वर वर्ण (Vowels) बनते हैं। हिन्दी में ग्यारह (11) स्वर वर्ण हैं।

अ आ इ ई उ ऊ ऋ

ए ऐ ओ औ

वाग्यन्त्र से निकलने वाली हवा जरा रुकावट के साथ निकलती है तो व्यंजन (consonants) बनते हैं। हिन्दी में तैंतीस (33) व्यंजन वर्ण हैं।

क ख ग घ ङ—कवर्ग

च छ ज झ ञ—चवर्ग

ट ठ ड ढ ण—टवर्ग

त थ द ध न—तवर्ग

प फ ब भ म—पवर्ग

य र ल व

श ष स ह

भाषा में प्रयुक्त होने वाले स्वरों और व्यंजनों के समूह को वर्ण माला कहते हैं।

स्वर और उसके भेद

(क) व्युत्पत्ति (बनावट) के अनुसार स्वरों के दो भेद हैं—मूल स्वर और सन्धि स्वर।

(i) जो स्वर किसी दूसरे स्वर से नहीं बनते उन्हें मूल स्वर (ह्रस्व स्वर) कहते हैं। अ इ उ ऋ मूल स्वर हैं।

(ii) जो स्वर मूल स्वरों के मेल से बनते हैं उन्हें सन्धि स्वर कहते हैं। एक ही मूल स्वर दो बार आकर दीर्घ स्वर बनता है और भिन्न-भिन्न मूल स्वरों के मिलने से संयुक्त स्वर बनता है। आ ई ऊ दीर्घ स्वर हैं और ए ऐ ओ औ संयुक्त स्वर।

स्वर

मूल स्वर — अ इ उ ऋ

सन्धि स्वर

दीर्घ स्वर — आ ई ऊ

संयुक्त स्वर — ए ऐ ओ औ

(ख) मूल स्वर के उच्चारण में एक निश्चित समय लगता है। उस समय के परिणाम को एक मात्रा कहते हैं। मात्रा के अनुसार स्वरों के तीन प्रकार होते हैं—लघु, गुरु और प्लुत।

स्वर

लघु स्वर (अ, इ, उ, ऋ)

गुरु स्वर (आ, ई, ऊ)

प्लुत स्वर
अरे लड़के, सज्जनो...और
देवियो..., वा...ह, हाय रे...,
बाप रे...अब! लोऽऽऽ...टमाटर

मूल स्वरों के उच्चारण में एक मात्रा का समय लगता है; उन्हें 'लघु स्वर' कहते हैं। स्वरों के उच्चारण में दो मात्राओं का समय लगता है; उन्हें 'गुरु स्वर' कहते हैं। हर्ष, शोक, आश्चर्य आदि मनोभावों को प्रकट करने वाले शब्दों में स्वरों की दो से अधिक मात्राएँ लगती हैं। ऐसे लम्बे स्वरों को 'प्लुत स्वर' कहते हैं।

व्यंजन और उसके भेद

व्यंजन तीन प्रकार के होते हैं—स्पर्श, अन्तस्थ और ऊष्म।

कवर्ग, चवर्ग, टवर्ग, तवर्ग और पवर्ग के व्यंजन स्पर्श है। य र ल व अन्तस्थ व्यंजन है और श ष स ह ऊष्म व्यंजन।

संयुक्त व्यंजन

जब दो व्यंजनों के बीच का स्वर लुप्त रहता है तो वे दोनों व्यंजन संयुक्त हो जाते हैं। ऐसे व्यंजनों को संयुक्त व्यंजन कहते हैं।

उदा.— क्त — वक्त
स्प — स्पर्श
श्क — इश्क
न्त — अन्त

कभी-कभी तीन या चार व्यंजनों का संयोग होता है।

उदाहरण— स्यय — स्वास्थ्य
न्ध्या — सन्ध्या
त्स्यं — वत्स्यं

उच्चारण-स्थान

वर्णों का उच्चारण करते समय जीभ, होंठ आदि उच्चारण अवयव, मुख के भिन्न-भिन्न भागों को स्पर्श करते हैं। उसे उन वर्णों के उच्चारण स्थान कहते हैं। कण्ठ, तालु, मूर्धा, दन्त, ओष्ठ, नासिका ये सब उच्चारण-स्थान हैं।

उच्चारण-स्थान के आधार पर वर्णों के नौ भेद हैं।

1. कण्ठ्य — अ, आ, कवर्ग, ह्
2. तालव्य — इ, ई, चवर्ग, य, श
3. मूर्धन्य — ऋ, टवर्ग, र, ष
4. दन्त्य — तवर्ग, ल, स
5. ओष्ठ्य — उ, ऊ, पवर्ग
6. अनुनासिक — ङ, ञ, ण, न, म
7. कण्ठ तालव्य — ए, ऐ
8. कण्ठोष्ठ्य — ओ, औ
9. दन्तोष्ठ्य — व

उच्चारण-प्रयत्न

वर्णों का उच्चारण करते समय वाग्यन्त्र में जो कम्पन होता है और श्वास में जो गति होती है उन्हें प्रयत्न कहते हैं।

वाग्यन्त्र के कम्पन के अनुसार वर्णों के दो भेद हैं—घोष और अघोष। जिन वर्णों के उच्चारण में वाग्यन्त्र में कम्पन की मात्रा अधिक होती है उन्हें घोष वर्ण कहते हैं। जिन वर्णों के उच्चारण में वाग्यन्त्रों में कम्पन की मात्रा कम होती है, उन्हें अघोष वर्ण कहते हैं।

घोष	**अघोष**
स्वर—'अ' से 'औ' तक	—
ग घ ङ	क ख
ज झ ञ	च छ
ड ढ ण	ट ठ
द ध न	त थ
ब भ म	प फ
य र ल व	—
ह	श ष स

श्वास की गति के अनुसार वर्णों के दो भेद हैं—अल्पप्राण और महाप्राण। जिन वर्णों के उच्चारण में श्वास की मात्रा अधिक लगती है, उन्हें महाप्राण वर्ण कहते हैं। जिन वर्णों के उच्चारण में श्वास की मात्रा कम लगती है, उन्हें अल्पप्राण वर्ण कहते हैं।

महाप्राण	**अल्पप्राण**
—	स्वर—'अ' से 'औ' तक
ख घ	क ग ङ
छ झ	च ज ञ
ठ ढ	ट ड ण
थ ध	त द न
फ भ	प ब म
—	य र ल व
श ष स ह	—

इसका विशद वर्णन अगले अध्याय में किया गया है।

अभ्यास

1. भाषा क्या है? कथित भाषा और लिखित भाषा से क्या तात्पर्य है?
2. भाषा और व्याकरण का कैसा सम्बन्ध है?
3. मात्रा के अनुसार स्वरों के कितने भेद होते हैं।

शब्द विचार

शब्द और उसके भेद

वर्णों के सार्थक समूह को शब्द कहते हैं।

उदाहरण—शेर, कुरसी, लम्बा, कौन, आम।

अर्थ की दृष्टि से शब्दों के दो भेद माने जाते हैं—सार्थक और निरर्थक।

बनावट के अनुसार शब्दों के भेद

बनावट की दृष्टि से शब्दों के तीन भेद हैं—रूढ़, यौगिक और योगरूढ़।

जो शब्द किसी दूसरे शब्द से नहीं बनता उसे रूढ़ शब्द कहते हैं।

उदाहरण—बैल, पेड़, गाड़ी।

दो या दो से अधिक शब्द या शब्दांशों के मेल से बनने वाला शब्द यौगिक शब्द है।

उदाहरण—विद्या+ आलय = विद्यालय
पर + उपकार = परोपकार
लड़का +पन = लड़कपन

कुछ शब्द ऐसे होते हैं जो शब्दों या शब्दांशों के मेल से बनते हैं, लेकिन किसी विशेष अर्थ को प्रकट करते हैं उनको योगरूढ़ शब्द कहते हैं।

अंबु + ज = अंबुज (कमल)
अंग + रखा = अंगरखा (विशेष प्रकार का कुरता)

स्रोत के आधार पर शब्दों के भेद

शब्दों के स्रोत के आधार पर चार भेद हैं—तत्सम, तद्भव, देशज, विदेशज।

संस्कृत भाषा से बिना किसी रूप परिवर्तन के हिन्दी में आने वाले शब्दों को तत्सम शब्द कहते हैं।

उदाहरण—माता, पिता, सत्य, उत्सव, दया, दान।

संस्कृत के जो शब्द थोड़े से रूप परिवर्तन के साथ हिन्दी में प्रयुक्त होते हैं, उन्हें तद्भव शब्द कहते हैं।

उदाहरण— कर्ण>कान, अश्रु>आँसू, अक्षि>आँख, हस्त>हाथ, कर्म>काम।

हर भाषा के और हर प्रदेश के अपने शब्द होते हैं, उन्हें देशज शब्द कहते हैं।

उदाहरण—पेड़, गाड़ी, नीर, माला, मुकुट।

विदेशी भाषाओं से हिन्दी में जो शब्द स्वीकृत हुए हैं, उन्हें विदेशज शब्द कहते हैं।

उदाहरण—

अंग्रेज़ी—कॉलेज, टिकट, कोर्ट।

पुर्तगाली—अलमारी, बोतल, गमला।

फ्रेंच—अंग्रेज़, कूपन, फ्रांसीसी।

तुर्की—बीवी, चाकू, चम्मच।

अरबी—इशारा, किताब, असर।

फारसी—अमरूद, आसमान, चालक।

रूपान्तर के आधार पर शब्द के भेद

रूपान्तर के आधार पर शब्द के दो भेद हैं—

विकारी शब्द और अविकारी शब्द

कुछ शब्दों में लिंग, वचन, कारक और पुरुष के कारण रूपान्तर होता है। ऐसे शब्दों को विकारी शब्द कहते हैं।

लड़का — लड़की। बड़ा — बड़ी। (लिंग)

बात — बातें। लम्बा — लम्बे। (वचन)

कमरा — कमरे में। आँखें — आँखों में। (कारक)

आयेगा — आऊँगा। रहेगा — रहोगे। (पुरुष)

कुछ शब्दों में लिंग, वचन, कारक और पुरुष के कारण रूपान्तर नहीं होता। ऐसे शब्दों को अविकारी शब्द या अव्यय कहते हैं।

उदाहरण—वहाँ, अभी। अन्दर, ऊपर। और या। वाह, ओह।

विकारी और अविकारी शब्दों के फिर चार-चार भेद हैं—

विकारी शब्द	**अविकारी शब्द**
संज्ञा (Noun)	क्रिया-विशेषण (Adverb)
सर्वनाम (Pronoun)	सम्बन्धबोधक (Post-position)

विशेषण (Adjective)	समुच्चयबोधक (Conjunction)
क्रिया (Verb)	विस्मयादिबोधक (Exclamatory)

अभ्यास

1. शब्द की परिभाषा लिखकर उदाहरण दीजिए।
2. शब्दों के वर्गीकरण के आधार क्या-क्या हैं?
3. रूढ़, यौगिक और योगरूढ़ से क्या तात्पर्य है? सोदाहरण स्पष्ट कीजिए।
4. उत्पत्ति के आधार पर शब्दों के भेद कौन-कौन से हैं?
5. अर्थ के आधार पर शब्द-भेद सोदाहरण स्पष्ट कीजिए।
6. व्युत्पत्ति की दृष्टि से निम्नलिखित शब्दों का वर्गीकरण कीजिए—
   पानी, खाना, दूधवाला, विद्यालय, राजपथ, घुड़सवार, लम्बोदर, पंकज, चक्रपाणि, जलज, मुरलीधर।
7. नीचे दिये गये तत्सम शब्दों के तद्भव रूप लिखिए—
   क्षेत्र, आश्रय, आम्र, दीपक, दुग्ध, पूर्ण, विवाह, मूर्ति, हस्त, सत्य, ओष्ठ, अश्रु, जिह्वा, पत्र, सूर्य।

वाक्य विचार

भाषा का मूल रूप वाक्य है। वाक्य द्वारा ही मनुष्य अपने विचारों का विनिमय करता है। वाक्य शब्दों का वह समूह है जिससे वक्ता का भाव पूर्ण रूप से प्रकट होता है।

मजदूर काम करता है।
पिताजी ने खिलौना खरीदा।

इन दोनों वाक्यों में वक्ता का पूरा आशय प्रकट हुआ है। इन वाक्यों में कर्ता और क्रिया हैं।

1. **पदबन्ध :** वाक्य के अन्तर्गत परस्पर सम्बन्ध रखनेवाले शब्दों के समूह को वाक्यांश या पदबन्ध (Phrase) कहते हैं।

पदबन्ध आठ प्रकार के होते हैं।

1. संज्ञा पदबन्ध – बहुत बड़ा आदमी। भारत के प्रधानमन्त्री।
2. सर्वनाम पदबन्ध – भाग्य का मारा वह। उस भाग्यवान को।
3. विशेषण पदबन्ध – कमल की तरह कोमल। नाली में बहता (पानी)।
4. क्रिया पदबन्ध – देखा नहीं जा सका। खाते रहते थे।
5. क्रिया-विशेषण पदबन्ध – मद्रास से होकर आया। बहुत जोर से चिल्लाया।
6. सम्बन्धबोधक पदबन्ध – बाहर की ओर। पेड़ के नीचे।
7. समुच्चयबोधक पदबन्ध – इसलिए। कि।
8. विस्मयादिबोधक पदबन्ध – बाप रे बाप। बहुत खूब।

2. **उद्देश्य और विधेय :** वाक्य के मुख्य रूप से दो भाग होते हैं—उद्देश्य (Subject) और विधेय (Predicate)

हर वाक्य में कर्ता और क्रिया का होना अनिवार्य है। कर्ता और उसके विस्तार को उद्देश्य कहते हैं। क्रिया और उसके विस्तार को विधेय कहते हैं।

उदाहरण—सीता ने चार आम खाए। इस वाक्य में 'सीता ने' उद्‌देश्य हैं और 'चार आम खाये' विधेय है।

'अरब के घोड़े तेज दौड़ते हैं।'

इस वाक्य में 'अरब के घोड़े' उद्‌देश्य हैं और 'तेज दौड़ते हैं' विधेय हैं।

'अरब के घोड़े' में घोड़े कर्ता है और 'अरब के' कर्ता का विस्तार है, 'तेज दौड़ते हैं' में 'दौड़ते हैं' क्रिया है और 'तेज' क्रिया का विस्तार है।

3. खण्डवाक्य (उपवाक्य) : जिन वाक्यों में कर्ता और क्रिया के होने पर भी पूरा अर्थ प्रकट नहीं होता, उनके अर्थ को पूरा करने के लिए और एक वाक्य की आवश्यकता होती है, ऐसे वाक्यों को उपवाक्य अथवा खण्डवाक्य (Clause) कहते हैं। इस दृष्टि से खण्डवाक्य के दो भेद होते हैं—प्रधान खण्डवाक्य (Principal Clause) और आश्रित खण्डवाक्य (Subordinate Clause)

अध्यापक ने कहा कि कल जरूर पढ़ाई होगी।

वह पुस्तक, जो मेज पर पड़ी है, बहुत कीमती है।

इन वाक्यों में 'अध्यापक ने कहा' और 'वह पुस्तक बहुत कीमती है' प्रधान खण्डवाक्य है। 'कल जरूर पढ़ाई होगी' और 'जो मेज पर पड़ी है', आ. श्रित खण्डवाक्य है।

आश्रित खण्डवाक्य तीन प्रकार के होते हैं—

विशेषण वाक्य	(Adjectival Clause)
क्रिया-विशेषण वाक्य	(Adverbial Clause)
संज्ञा वाक्य	(Noun Clause)

जो आश्रित खण्डवाक्य, प्रधान खण्डवाक्य की किसी संज्ञा के विशेषण के रूप में प्रयुक्त होता है, उसे विशेषण वाक्य कहते हैं।

जो हमेशा अच्छा काम करता है, उसका बड़ा आदर होता है।

उसी कलम से, जो मैंने कल खरीदी थी, मैं लिख रहा हूँ।

जो आश्रित खण्डवाक्य किसी क्रिया-विशेषण के रूप में प्रयुक्त होता है उसे क्रिया-विशेषण वाक्य कहते हैं।

वह जितना खाता है, उतना हम नहीं खा सकते।

जब वर्षा होती है तब किसान प्रसन्न होते हैं।

जो आश्रित खण्डवाक्य प्रधान खण्डवाक्य की क्रिया के कर्म के स्थान पर प्रयुक्त होता है उसे संज्ञा वाक्य कहते हैं।

मामाजी ने लिखा था कि वे छुट्टी में आ रहे हैं।

हमने सोचा था कि आप जरूर हमारी मदद करेंगे।

रचना की दृष्टि से वाक्य के तीन भेद हैं—

1. सरल वाक्य (Simple Sentence)
2. मिश्र वाक्य (Complex Sentence)
3. संयुक्त वाक्य (Compound Sentence)

जिस वाक्य में एक ही उद्देश्य और एक ही विधेय से पूरा अर्थ प्रकट हो, उसे सरल वाक्य कहते हैं।

पानी बरसता है।

नौकर चावल लाता है।

मिश्र वाक्य में एक प्रधान खण्डवाक्य और उस पर आश्रित एक या अधिक खण्डवाक्य होते हैं।

जिसने कभी पुस्तक को हाथ नहीं लगाया वह पास होगा कैसे?

सब आदमियों से कह दो कि आज चलना होगा।

संयुक्त वाक्य में एक से अधिक प्रधान खण्डवाक्य होते हैं। हमने उसे बहुत समझाया पर उसने नहीं माना।

वह बड़ा घमण्डी है इसलिए मैं उससे नहीं बोलता।

अर्थ की दृष्टि से वाक्य

अर्थ के अनुसार वाक्य आठ प्रकार के होते हैं।

(1) विधानार्थक : भारत गणतन्त्र राज्य है।

(2) निषेधार्थक : दुराचारी मनुष्य, समाज में आदर नहीं पा सकता।

(3) आज्ञार्थक : बराबर काम करते जाओ।

(4) प्रश्नार्थक : दुनिया में लोग परस्पर क्यों लड़ते हैं?

(5) विस्मयादिबोधक :वाह! लताजी का कण्ठ कितना मीठा है।

(6) इच्छा बोधक : भगवान इन्हें सद्‌बुद्धि दे।

(7) सन्देह सूचक : सम्भव है, डॉक्टर आज आ जायें।

(8) संकेतार्थक : पानी बरसता तो तालाब भरता।

वाक्य रचना में पद क्रम

वाक्य रचना करते समय पदों के क्रम तथा उसके अन्वय पर विशेष ध्यान देना चाहिए। शब्दों को उनके अर्थ की दृष्टि से उचित स्थान पर रखने को क्रम कहते हैं। वाक्य के अर्थ की स्पष्टता के लिए क्रम पर ध्यान देना है। वाक्य में शब्दों

के क्रम के विषय में कुछ नियम तो है, लेकिन प्रयोग के अनुसार इस क्रम में परिवर्तन भी हो सकता है। कुछ सामान्य नियम नीचे दिये जाते हैं।

(1) वाक्य में पहले कर्ता, फिर कर्म और अन्त में क्रिया होनी चाहिए। द्विकर्मक क्रिया हो तो मुख्य कर्म क्रिया के पास रहता है।

लड़के हिन्दी पढ़ रहे हैं।

अध्यापक लड़कों को हिन्दी पढ़ा रहे हैं।

(2) सर्वनाम के पहले विशेषण नहीं होता, उसे सर्वनाम के बाद रखते हैं।

यह मीठा है, वह कड़वा।

(3) निषेधार्थक शब्द क्रिया से पहले आते हैं।

हम वहाँ नहीं जायेंगे।

उसने न खाया, न पिया।

(4) सम्बोधन और विस्मयादिबोधक रूप वाक्य के प्रारम्भ में रखे जाते है।

अरे लड़के! यह भी ले जा।

वाह! यह फल कितना मीठा है।

(5) प्रश्नवाचक शब्द वाक्य के उस शब्द के पहले रखते हैं जिसके सम्बन्ध में प्रश्न किया जाता है।

पण्डित जी क्या लिख रहे हैं?

क्या पण्डित जी लिख रहे हैं?

(6) भी, ही, तो, भर, तक–इन शब्दों के प्रयोग में सावधान रहना चाहिए। इनके स्थान में परिवर्तन हो जाने से वाक्य का अर्थ ही बदल जाता है।

मधु भी कविता लिखता है।

मधु कविता भी लिखता है।

शेखर ही आज भोपाल गया है।

शेखर आज ही भोपाल गया है।

शेखर आज भोपाल ही गया है।

निषेधवाचक शब्द-पूर्वकालिक कृदन्त आदि के सम्बन्ध में ऐसे ही नियम बताये जा सकते हैं। पर ये नियम स्थायी नहीं हैं। वाक्य के किसी शब्द में बल देने के लिए क्रम बदल दिया जाता है। उसी प्रकार कविता में आवश्यकता के अनुसार क्रम बदल लिया जाता है।

वाक्य-रचना में अन्वय

वाक्य के पदों का एक-दूसरे से लिंग, वचन, काल आदि के अनुसार जो सम्बन्ध रहता है उसे अन्वय या मेल कहते हैं।

(1) क्रिया का अन्वय कर्ता या कर्म के साथ होता है। कर्ता के साथ परसर्ग न हो तो क्रिया कर्ता के लिंग-वचन का अनुसरण करती है। कर्ता के साथ परसर्ग हो तो क्रिया कर्म के लिंग-वचनों का अनुसरण करती है। अगर कर्ता और कर्म दोनों के साथ परसर्ग हो तो क्रिया पुल्लिंग एकवचन में रहती है।

'ने' प्रत्यय के नियम में ये बातें स्पष्ट की गयी हैं।

(2) सर्वनाम जिस संज्ञा का प्रतिनिधित्व करे, उसी का लिंग-वचन उसका होता है। सर्वनाम का अपना कोई लिंग-वचन नहीं होता।

(3) आकारान्त विशेषण अपने विशेष्य के लिंग-वचन का अनुसरण करते हैं।

काला घोड़ा, काले घोड़े, काले घोड़े को, काले घोड़ों को, काली घोड़ी

(4) एकाधिक विशेष्यों से पूर्व एक ही विशेषण लगे तो तुरन्त बाद में आनेवाले विशेष्य का लिंग वचन बदला जाता है।

पुरानी धोतियाँ और कुरते।

पुराने कुरते और धोतियाँ।

(5) सम्बन्ध कारक और सम्बन्धी शब्दों के विषय में भी विशेषणों का नियम ही लागू होता है।

गोपाल की धोती। गोपाल का कुरता।

गोपाल की धोती और कुरता।

गोपाल का कुरता और धोती।

(6) एकाधिक कर्ता अगर भिन्न लिंगों के हों तो क्रिया अन्तिम कर्ता के लिंग-वचनों के अनुसार होती है।

राम के पास चार कुरते और धोतियाँ थीं।

राम के पास चार धोतियाँ और कुरते थे।

(7) अगर प्राणिवाचक कर्ता हों तो क्रिया बहुवचन में होती है।

माँ और बेटा आये।

बाप और बेटी आये।

(8) कर्ता कई पुरुषों में हों तो पहले अन्य पुरुष, फिर मध्यम पुरुष और अन्त में उत्तम पुरुष रखते हैं।

वह, तू और मैं मन्दिर जाएँ।

आओ तुम और हम खेलेंगे।

(i) सरल वाक्य से मिश्र वाक्य–

सरल वाक्य	मिश्र वाक्य
1. स्वावलम्बी व्यक्ति सदा सुखी रहते हैं।	1. जो व्यक्ति स्वावलम्बी होते हैं, वे सदा सुखी रहते हैं।
2. धनी व्यक्ति हर चीज खरीद सकता है।	2. जो व्यक्ति धनी है, वह हर चीज खरीद सकता है।
3. वह फल खरीदने के लिए बाजार गया।	3. चूँकि उसे फल खरीदने थे, इसलिए बाजार गया।
4. फीस माफ कराने के लिए प्रार्थना-पत्र लिखिए।	4. एक ऐसा पत्र लिखो, जिसमें फीस माफ कराने के लिए प्रार्थना हो।
5. तुम बस रुकने के स्थान पर चले जाओ	5. तुम वहाँ चले जाओ, जहाँ बस रुकती है।
6. परिश्रमी व्यक्ति अवश्य सफल होता है।	6. जो व्यक्ति परिश्रमी होता है, वह अवश्य सफल होता है।

(ii) संयुक्त वाक्य से सरल वाक्य–

संयुक्त वाक्य	सरल वाक्य
1. तुम घर आये और वह सो गया।	1. तुम्हारे घर आते ही वह सो गया।
2. उसने झूठ बोला, इसलिए सजा पायी।	2. झूठ बोलने पर उसने सजा पायी।
3. माँ ने मारा, तो बच्चा रूठ गया।	3. माँ के मारने पर बच्चा रूठ गया।
4. रीमा गा रही है और नाच रही है।	4. रीमा गा और नाच रही है।
5. किसान परिश्रम करता है लेकिन उसका लाभ उसे नहीं मिलता।	5. किसान को अपने परिश्रम का लाभ नहीं मिलता।
6. वह बाजार गया और अंगूर लाया।	6. वह बाजार जाकर अंगूर लाया।

(iii) संयुक्त वाक्य से मिश्र वाक्य–

संयुक्त वाक्य	मिश्र वाक्य
1. गुरुजी ने कहानी सुनाई और शिष्या रो पड़ी।	1. गुरुजी ने ऐसी कहानी सुनाई कि शिष्या रो पड़ी।

2. तुम महान हो क्योंकि सच बोलते हो।	2. तुम इसलिए महान हो क्योंकि सच बोलते हो।
3. आपने कठिन परिश्रम किया और उत्तीर्ण हो गये।	3. आप इसलिए उत्तीर्ण हो गये क्योंकि आपने कठिन परिश्रम किया।
4. मेरे पाठ्यक्रम में कर्मभूमि उपन्यास है जिसके लेखक मुंशी प्रेमचंद हैं।	4. मेरे पाठ्यक्रम में कर्मभूमि नामक वह उपन्यास है जिसे मुंशी प्रेमचंद ने लिखा है।

(iv) मिश्र वाक्य से सरल वाक्य–

मिश्र वाक्य	सरल वाक्य
1. मरीज ने ज्यों ही दवाई खायी उसे उलटी हो गयी।	1. मरीज को दवाई खाते ही उलटी हो गयी।
2. मुझे बताओ कि तुम्हारे बेटे का परीक्षा-परिणाम कैसा रहा?	2. मुझे अपने बेटे के परीक्षा-परिणाम के विषय में बताओ।
3. क्योंकि वह कम रोशनी में पढ़ता रहा, इसलिए अपनी आँखें गँवा बैठा।	3. कम रोशनी में पढ़ते रहने के कारण वह अपनी आँखें गँवा बैठा।
4. वह मुझसे कहता है कि आओ।	4. वह मुझे आने के लिए कहता है।
5. यह वही बच्चा है, जिसे लुटेरों ने पीटा था।	5. यही लुटेरों द्वारा पीटा गया बच्चा है।
6. उसने कहा कि मैं सत्यवादी हूँ।	6. उसने स्वयं को सत्यवादी कहा।

अभ्यास

1. वाक्य विचार से क्या तात्पर्य है?
2. वाक्य के कितने विभाग हैं? उदाहरण देकर स्पष्ट कीजिए
3. अन्वय के कुछ मुख्य नियमों का परिचय उदाहरण सहित दीजिए।
4. अर्थ के अनुसार वाक्य के कितने भेद हैं? सोदाहरण समझाइए।

निम्नलिखित पदबन्धों का प्रकार लिखिए।

1. सबको प्रिय लगनेवाला वह रोज़ मेहनत करता है।
2. लौटकर कहने लगा।

3. चाँद सा सुन्दर।
4. उठकर जाने लगा।
5. भूख का मारा मैं।
6. किसी न किसी तरह पहुँचा।
7. खुशी से उछलते हुए आया।
8. समाज का सेवक।
9. दुर्घटना में घायल व्यक्ति।
10. कुल दस आदमी।

स्वर एवं व्यंजन

भाषा में प्रयुक्त मूल ध्वनि या उसके चिह्न को वर्ण कहते हैं। जैसे–अ, इ, उ, क्, च्, स् आदि।

वर्णों के समूह को **वर्णमाला** कहते हैं। वर्णों के लिखने का क्रम प्रत्येक भाषा में भिन्न होता है जिसे **लिपि** कहते हैं। हिन्दी भाषा 'नागरी' लिपि में लिखी जाती है। हिन्दी वर्णमाला में 44 वर्ण हैं। ये दो प्रकार के हैं–स्वर और व्यंजन।

स्वर : जिन वर्णों के उच्चारण में वायु मार्ग में किसी प्रकार की रुकावट नहीं होती, उन्हें स्वर वर्ण कहते हैं। इनके उच्चारण में भीतर से आती हुई वायु मुख (अथवा मुख एवं नासिका) से निर्बाध रूप से निकलती है। हिन्दी में 11 स्वर वर्ण हैं यथा–अ, आ, इ, ई, उ, ऊ, ऋ, ए, ऐ, ओ, औ।

1. ह्रस्व स्वर : ये मूल स्वर भी कहलाते हैं। इनके उच्चारण में एक ही मात्रा (ह्रस्व वर्ण के उच्चारण में लगनेवाला समय) लगती है। ये चार हैं–अ, इ, उ, ऋ। ये किसी अन्य स्वर से नहीं बनते।

2. दीर्घ स्वर : जिन स्वरों के उच्चारण में दो मात्राएँ लगती हैं उन्हें दीर्घ स्वर कहते हैं। आ, ई, ऊ दीर्घ स्वर हैं।

3. संयुक्त स्वर : दो स्वरों के मेल से बनने के कारण इन्हें संयुक्त स्वर कहते हैं। ए, ऐ, ओ और औ संयुक्त स्वर हैं।

व्यंजन : जिन वर्णों का उच्चारण स्वरों की सहायता से होता है, उन्हें व्यंजन वर्ण कहते हैं। प्रत्येक व्यंजन के उच्चारण में 'अ' की ध्वनि छिपी रहती है। व्यंजन वह ध्वनि है जिसके उच्चारण में भीतर से आती हुई वायु मुँह में कहीं न कहीं, किसी न किसी रूप में अवरुद्ध हो जाती है। हिन्दी में 33 व्यंजन हैं।

यथा– क ख ग घ ङ

च छ ज झ ञ

ट ठ ड ढ ण

त थ द ध न

प फ ब भ म

य र ल व

श ष स ह

इनमें 'क' से 'म' तक 25 वर्ण स्पर्श कहलाते हैं। ये निम्नलिखित पाँच वर्गों में विभाजित हैं—

क वर्ग—क ख ग घ ड.

च वर्ग—च छ ज झ ञ

ट वर्ग—ट ठ ड ढ ण

त वर्ग—त थ द ध न

प वर्ग—प फ ब भ म

इन वर्गों के उच्चारण में जिह्वा मुँह के किसी न किसी भाग का स्पर्श करती है अतः ये **स्पर्श व्यंजन** कहलाते हैं।

य, र, ल, व ये चार व्यंजन **अन्तस्थ व्यंजन** कहलाते हैं। 'अन्तस्थ' का अर्थ 'बीच में रहनेवाला' होता है। उच्चारण की दृष्टि से स्वर और व्यंजन के बीच इनका स्थान है। अतः ये अन्तस्थ कहलाते हैं। इनका उच्चारण करते समय जिह्वा मुँह के किसी भाग का अल्प मात्रा में ही स्पर्श करती है।

श ष स ह **ऊष्म व्यंजन** कहलाते हैं। इनके उच्चारण में वायु रगड़ा खाकर निकलती है और ऊष्मा अर्थात् गर्मी पैदा हो जाती है।

इनके अलावा अनुनासिक, अनुस्वार और विसर्ग नाम की तीन और ध्वनियाँ हिन्दी में प्रचलित हैं।

अनुनासिक—इसका उच्चारण नाक और मुँह से होता है और उच्चारण में लघुता रहती है। इसका चिह्न चन्द्रबिन्दु (ँ) है। जैसे— 'हँस' में 'हँ', 'चाँद' में 'चाँ' आदि।

अनुस्वार—इसकी ध्वनि नाक से निकलती है। इसका चिह्न बिन्दु (ं) है। जैसे—'पंडित' में 'पं', 'हंस' में 'हं' आदि।

विसर्ग—जब किसी स्वर अथवा व्यंजन के बाद 'ह' की ध्वनि लगे, तब उसे विसर्ग (:) से सूचित किया जाता है।

संस्कृत में इसका काफी व्यवहार है। हिन्दी में अब इसका अभाव होता जा रहा है; किन्तु तत्सम् शब्दों के प्रयोग में इसका आज भी उपयोग होता है। जैसे—प्रातःकाल, दुःख, अतः आदि।

उच्चारण-स्थान और उच्चारण-प्रयत्न

हिन्दी वर्णमाला में कुल चवालीस (44) वर्ण हैं। वर्णों के उच्चारण-स्थान और उच्चारण-प्रयत्न के आधार पर पुनः वर्गीकरण हो सकता है। वर्णों के उच्चारण को सही ढंग से समझने के लिए इन बातों की जानकारी बहुत आवश्यक है।

वर्णों का उच्चारण करते हुए प्रवाहित हो रही वायु को मुख-विवर के जिस स्थान पर रोका जाता है उसे उस वर्ण का उच्चारण-स्थान कहते हैं। कण्ठ, तालु, मूर्धा, दन्त, ओठ आदि विभिन्न व्यंजनों के उच्चारण स्थान हैं। इस आधार पर स्वरों और व्यंज़नों का वर्गीकरण निम्नलिखित तालिका में किया गया है :

स्थान	स्वर	व्यंजन
कण्ठ्य	अ आ	कवर्ग, ह
तालव्य	इ ई	चवर्ग, य, श
मूर्धन्य	—	टवर्ग, र, ष
दन्त्य	—	तवर्ग, ल, स
ओष्ठ्य	उ ऊ	पवर्ग
कण्ठ तालव्य	ए ऐ	—
कण्ठोष्ठ्य	ओ औ	—
दन्तोष्ठ्य	—	व
नासिका	—	ङ ञ ण न म

उच्चारण-प्रयत्न

स्वर हो या व्यंजन, किसी भी वर्ण के दो अवयव होते हैं—श्वास और नाद। श्वास और नाद के मेल से ही कोई भी वर्ण (ध्वनि) उच्चरित होता है। उच्-चारण के अवसर पर स्वर तन्त्रियों (Vocal chords) में होनेवाले कम्पन से नाद उत्पन्न होता है; वह नाद श्वास अथवा हवा के सहारे मुख-विवर से बाहर निकलता है तो इस श्वास और नाद के आधार पर वर्णों का वर्गीकरण होना सहज स्वाभाविक है।

नाद के आधार पर वर्णों के दो भेद हैं—घोष और अघोष। जिन वर्णों के उच्चारण में स्वर-तन्त्रियों में कम्पन की मात्रा अधिक होती है उन्हें घोष वर्ण कहते हैं। जिन वर्णों के उच्चारण में स्वर-तन्त्रियों में कम्पन की मात्रा कम होती है, उन्हें अघोष वर्ण कहते हैं। घोष-अघोष वर्णों को नीचे आगे में दिखाया जा रहा है :

	स्वर	व्यंजन
घोष	सारे स्वर	ग घ ङ, ज झ ञ ड ढ ण, द ध न ब भ म, य र ल व ह
अघोष	—	क ख, च छ ट ठ, त थ प फ, श ष स

श्वास के आधार पर वर्णों के दो भेद हैं—अल्पप्राण और महाप्राण। जिन वर्णों के उच्चारण में श्वास (हवा) की मात्रा अधिक लगती है उन्हें महाप्राण वर्ण कहते हैं। जिन वर्णों के उच्चारण में श्वास (हवा) की मात्रा कम लगती है—उन्हें अल्पप्राण वर्ण कहते हैं। अल्पप्राण-महाप्राण वर्णों को नीचे की तालिका में दिखाया जा रहा है :

	स्वर	व्यंजन
अल्पप्राण	सारे स्वर	क ग ङ, च ज ञ ट ड ण, त द न प ब म, य र ल व
महाप्राण	—	ख घ, छ झ ठ ढ, थ ध फ भ, श ष स ह

अभ्यास

1. हिन्दी के स्वर कौन-कौन हैं? उनका विभाजन कैसे किया गया है?
2. उच्चारण-स्थान के आधार पर वर्णों का विभाजन कैसे किया गया है?
3. घोषत्व के आधार पर हिन्दी वर्णों का परिचय दीजिए।
4. प्राणत्व के आधार पर हिन्दी वर्णों का परिचय दीजिए।

संज्ञा (Noun)

किसी व्यक्ति, वस्तु, स्थान या भाव के नाम को सूचित करने वाले विकारी शब्द को संज्ञा कहते हैं।

मुख्य रूप से संज्ञा के तीन भेद हैं—

(1) व्यक्तिवाचक (Proper Noun)

(2) जातिवाचक (Common Noun)

(3) भाववाचक (Abstract Noun)

व्यक्तिवाचक संज्ञा : व्यक्तिवाचक संज्ञा किसी विशेष व्यक्ति, वस्तु या स्थान के नाम को सूचित करती है।

उदाहरण—रामदास, कुरसी, नागपुर

जातिवाचक संज्ञा : जातिवाचक संज्ञा से एक जाति के समस्त प्राणियों या वस्तुओं का बोध होता है।

उदाहरण—मनुष्य, जानवर, चिड़िया, ग्राम

भाववाचक संज्ञा : भाववाचक संज्ञा द्वारा किसी भाव, गुण, स्थिति या व्यापार (Action) का बोध होता है।

उदाहरण—आनन्द, भलाई, बुढ़ापा, नाच

जातिवाचक संज्ञा, सर्वनाम, विशेषण और क्रिया से भाववाचक संज्ञाएँ बनती हैं।

उदाहरण—मित्र — मित्रता
बच्चा — बचपन } जातिवाचक संज्ञा से

(संस्कृत) मम — ममता
अपना — अपनापन } सर्वनाम से

मीठा — मिठास (विशेषण से)
लम्बा — लम्बाई (विशेषण से)

लिखना — लिखावट (क्रिया से)
दौड़ना — दौड़ (क्रिया से)

लिंग (Gender)

संज्ञा के जिस रूप से वस्तु की जाति का बोध होता है, उसे लिंग कहते हैं, हिन्दी में दो ही लिंग हैं। पुल्लिग (Masculine) और स्त्रीलिंग (Feminine)।

पुरुष जाति का बोध कराने वाले शब्द पुल्लिग शब्द होते हैं और स्त्री जाति का बोध कराने वाले स्त्रीलिंग।

संस्कृत तथा कुछ भारतीय भाषाओं में तीन लिंगों की व्यवस्था है—पुल्लिंग, स्त्रीलिंग और नपुंसकलिंग। प्राणिवाचक संज्ञाएँ अपनी जाति के अनुसार पुल्लिग अथवा स्त्रीलिंग होती हैं। अप्राणिवाचक संज्ञाएँ सामान्य रूप से नपुंसकलिंग होती हैं। हिन्दी में नपुंसकलिंग नहीं होता।

लिंग निर्णय के सामान्य नियम

हिन्दी में साधारण रूप से घर, फूल आदि अकारान्त संज्ञाएँ और कमरा, चरखा आदि आकारान्त संज्ञाएँ पुल्लिग होती हैं। रोटी, कुरसी आदि इकारान्त संज्ञाएँ स्त्रीलिंग होती हैं। किन्तु इसके कई अपवाद (Exceptions) भी होते हैं। इनकी जानकारी अभ्यास से ही प्राप्त हो सकती है।

लिंग निर्णय के कुछ सिद्धान्त नीचे निर्धारित हैं।

(अ) निम्नलिखित शब्द समूह पुल्लिग माने गये हैं।

1. पुरुष जाति के प्राणिवाचक शब्द — बैल, कुत्ता
2. व्यवसायसूचक नाम — धोबी, सुनार
3. ग्रहों के नाम — मंगल, चन्द्र
4. महीनों के नाम — चैत्र, कार्तिक
5. वारों के नाम — बुधवार, शनिवार
6. धातुओं के नाम — सोना, ताँबा

7. रत्नों के नाम — मोती, माणिक
8. वृक्षों के नाम — नारियल, आम
9. अनाजों के नाम — चावल, गेहूँ
10. पर्वतों के नाम — हिमालय, विन्ध्य
11. त्व, पा, पन, में अन्त होने वाले शब्द — गुरुत्व, बुढ़ापा, बचपन

(आ) निम्नलिखित प्रकार के शब्द स्त्रीलिंग हैं—

1. नदियों के नाम — गंगा, पम्पा
2. तिथियों के नाम — तृतीया, पंचमी
3. नक्षत्रों के नाम — रोहिणी, रेवती
4. भाषाओं के नाम — पंजाबी, मलयालम
5. तकारान्त और सकारान्त — बात, रात, साँस
6. संस्कृत के आकारान्त शब्द — माला, लता
7. ता, हट, वट में अन्त होने वाले शब्द — विशेषता, चिल्लाहट

शब्दों का लिंग परिवर्तन

(क) कुछ शब्दों के अन्त में प्रत्यय लगाकर उनका स्त्रीलिंग रूप बनाया जाता है।

1. अकारान्त और आकारान्त शब्दों के अन्त में 'ई' लगाते हैं।
   देव — देवी। बकरा — बकरी।
   हरिण — हरिणी। दादा — दादी।
2. व्यवसाय-सूचक शब्दों के अन्त में 'इन' लगाते हैं।
   सुनार — सुनारिन। तेली — तेलिन।
   चमार — चमारिन। जुलाहा— जुलाहिन।
3. बन्धुत्व-सूचक और वर्णवाचक शब्दों के साथ 'आनी' लगाते हैं।
   जेठ — जेठानी। सेठ — सेठानी।
   देवर — देवरानी। नौकर — नौकरानी।
4. जाति और उपनाम-सूचक शब्दों में 'आइन' लगाते हैं।
   ठाकुर — ठकुराइन। पाण्डे — पण्डाइन।
   लाला — ललाइन। चौधरी — चौधराइन।
5. प्राणि-वाचक शब्दों के अन्त में बहुधा 'नी' लगता है।
   शेर — शेरनी। हाथी — हथिनी।
   मोर — मोरनी। बाघ — बघिनी।

6. कुछ प्राणिवाचक शब्दों के अन्त 'इया' प्रत्यय लगता है।

कुत्ता – कुतिया। बन्दर – बन्दरिया।

चूहा – चूहिया।

7. संस्कृत शब्दों के स्त्रीलिंग रूप संस्कृत भाषा के नियमानुसार बनते हैं।

अध्यापक – अध्यापिका। सम्राट् – सम्राज्ञी।

गायक – गायिका। विद्वान – विदुषी।

स्वामी – स्वामिनी। कवि – कवयित्री।

विद्यार्थी– विद्यार्थिनी।

(ख) कुछ पुल्लिग शब्दों के स्त्रीलिंग रूप बिल्कुल भिन्न शब्दों से बनते हैं।

पुरुष –स्त्री। पिता – माता।

बैल – गाय। बादशाह – बेगम।

वर – वधू। भाई – बहन।

(ग) कुछ शब्दों के पहले जातिसूचक शब्द लगाते हैं।

नर कौआ – मादा कौआ।

नर भेड़िया – मादा भेड़िया।

पुरुष प्रतिनिधि– स्त्री प्रतिनिधि।

नोट :–(1) 'विशारद', 'भूषण', 'आचार्य', 'विद्वान' आदि उपाधिसूचक शब्दों का स्त्रीलिंग-रूप बनाया नहीं जाता।

(2) नीचे लिखे स्त्रीलिंग शब्दों में प्रत्यय लगाकर उनके पुल्लिग रूप बनाये जाते हैं।

बिल्ली – बिलाव। बहन – बहनोई (बहन का पति)

भैंस – भैंसा। ननद – ननदोई (ननद का पति)

भेड़ – भेड़ा। रस्सी – रस्सा।

वचन

संज्ञा के जिस रूप से उनकी संख्या का बोध होता है, उसे वचन कहते हैं। वचन के अनुसार संज्ञाओं के दो रूप होते हैं। एकवचन और बहुवचन।

संज्ञाओं के लिंग के अनुसार उनके वचन परिवर्तन के अलग-अलग नियम होते हैं।

पुल्लिग शब्द

(i) आकारान्त पुल्लिग शब्द बहुवचन में एकारान्त बनते हैं।

कमरा – कमरे। लड़का – लड़के।

चरखा – चरखे। घोड़ा – घोड़े।

बकरा – बकरे। गधा – गधे।

लेकिन दादा, मामा, चाचा, बाबा, राजा आदि कुछ शब्दों का बहुवचन रूप नहीं बदलता।

(ii) आकारान्त को छोड़कर अन्य पुल्लिग शब्दों का बहुवचन में रूप-परिवर्तन नहीं होता।

घर – पाँच घर। बड़ा घर – बड़े घर।

फल – चार फल। मीठा फल – मीठे फल।

हाथी – दो हाथी। मोटा हाथी – मोटे हाथी।

विद्यार्थी–पचास विद्यार्थी। डाकू – दस डाकू।

उल्लू– तीन उल्लू। साधु – अनेक साधु।

स्त्रीलिंग शब्द

(i) अकारान्त और आकारान्त स्त्रीलिंग शब्दों के साथ 'एँ' और 'यें' लगाकर बहुवचन रूप बनाते हैं।

बात – बातें।   आँख – आँखें।

रात – रातें।   पुस्तक – पुस्तकें।

कथा–कथाएँ।   माला– मालाएँ।

लता – लताएँ।   माता – माताएँ।

(ii) इकारान्त स्त्रीलिंग शब्दों के साथ 'याँ' लगाते हैं ईकारान्त स्त्रीलिंग शब्दों को इकारान्त बनाकर 'याँ' लगाते हैं।

तिथि – तिथियाँ।   नीति – नीतियाँ।

सखी – सखियाँ।   लड़की – लड़कियाँ।

नदी – नदियाँ।   टोपी – टोपियाँ।

(iii) उकारान्त और ऊकारान्त स्त्रीलिंग शब्दों के साथ 'यें' लगाते हैं।

वस्तु – वस्तुएँ   बहू – बहुएँ।

(iv) 'या' में अन्त होने वाले स्त्रीलिंग शब्दों में चन्द्र-बिन्दु लगाते हैं।

डिबिया – डिबियाँ।   चिड़िया – चिड़ियाँ।

नोट :– समाचार, प्राण, दर्शन, होश, आँसू आदि कुछ शब्द हमेशा, पुल्लिग बहुवचन में प्रयुक्त होते हैं।

कारक

संज्ञा या सर्वनाम के जिस रूप से वाक्य के दूसरे शब्दों के साथ उसका सम्बन्ध प्रकट होता है, उसे कारक कहते हैं।

रामदास की बेटी हिन्दी वर्ग में पढ़ती है।

मुझसे सब अच्छे हैं।

ऊपर के उदाहरणों में 'रामदास की', 'वर्ग में' और 'मुझसे' कारक है। कारक को सूचित करने वाले 'की', 'में', 'से' आदि विभक्ति-प्रत्यय हैं।

हिन्दी में सात कारक हैं–

कारक		**परसर्ग**
1. कर्ता कारक	—	ने
2. कर्म कारक	—	को
3. करण कारक	—	से
4. सम्प्रदान कारक	—	को, के लिए
5. अपादान कारक	—	से
6. सम्बन्ध कारक	—	का, के, की
7. अधिकरण कारक	—	में, पर

कर्ता कारक

संज्ञा के जिस रूप से क्रिया करने वाले का बोध होता है, उसे कर्ता कारक कहते हैं।

उदाहरण–गोपाल ने रुपये दिये

कर्म कारक

जिस वस्तु पर क्रिया के व्यापार का फल पड़ता है, उसे सूचित करनेवाले संज्ञा के रूप को कर्म कारक कहते हैं।

उदाहरण—माँ सीता को बुलाती है।

करण कारक

संज्ञा के जिस रूप से क्रिया के उपकरण, कारण, या हेतु का बोध हो, उसे करण कारक कहते हैं।

उदाहरण—हम कान से सुनते हैं।

सम्प्रदान कारक

जिसे कुछ दिया जाये या जिसके लिए कुछ किया जाये, उसे बोध करानेवाले संज्ञा के रूप को सम्प्रदान कारक कहते हैं।

उदाहरण—माताजी ने भिखारी को रोटियाँ दीं।
वह बहन के लिए साड़ी लाया।

अपादान कारक

संज्ञा के जिस रूप से अलग होने का भाव सूचित हो, उसे अपादान कारक कहते हैं।

उदाहरण—नदी पहाड़ से निकलती है।

सम्बन्ध कारक

संज्ञा के जिस रूप से किसी वस्तु का दूसरी वस्तु से सम्बन्ध प्रकट हो, उसे सम्बन्ध कारक कहते हैं।

उदाहरण—कृष्ण का भाई बलराम है।
रघु के लड़के खेलते हैं।
सोने की माला कीमती है।

अधिकरण कारक

संज्ञा के जिस रूप से क्रिया के आधार पर बोध होता है, उसे अधिकरण कारक कहते हैं।

उदाहरण—कलम में स्याही है।
मेज़ पर किताब है।

अभ्यास

1. संज्ञा की परिभाषा देते हुए उसके भेदों पर प्रकाश डालिए।
2. भाववाचक संज्ञाएँ किस प्रकार से बनती हैं?
3. निम्नलिखित संज्ञा शब्दों के भेद बताइए—

   राम, गोपाल, अरविन्द, मनुष्य, लड़का, पर्वत, हँसी, खुशी, अँधेरा, उजाला, हवा, पानी, सोना, चाँदी, भवन, उन्नति, बचपन, बुढ़ापा।
4. संज्ञाओं के रूपान्तर से क्या तात्पर्य है? उदाहरण देकर समझाइए।
5. निम्नलिखित शब्दों के सही लिंग चुनकर लिखिए?

   कुत्ता, फूल, लड़की, बकरा, कुरसी, कौआ, मछली, बालक, गर्दन, मकान, मैना, उल्लू, होश, दाँत, हिन्दी।
6. निम्नलिखित पुल्लिंग शब्दों को स्त्रीलिंग में बदलकर लिखिए?

   लड़का, कुत्ता, बूढ़ा, धोबी, मोर, हाथी, ठाकुर, बेटा, जुलाहा, नौकर।
7. नीचे दिये गये शब्दों का लिंग बताओ।

   हवा, किताब, औषध, बचपन, अग्नि।
8. नीचे दिये गये वाक्यों को बहुवचन में बदलकर लिखिए?
   1. एक आम लाओ।
   2. हाथी आता है।
   3. साधु गया।
   4. वहाँ उल्लू बैठा है।
   5. वह किताब पढ़ता है।
9. कारक किसे कहते हैं? हिन्दी में कितने कारक होते हैं?
10. नीचे दिये गये वाक्यों का कारक लिखिए।
    1. राम ने रोटी खायी।
    2. माँ बच्चे को खाना खिला रही थी।
    3. वह साइकिल से स्कूल जाता है।
    4. राजा ने भिखारी को दान दिया।
    5. राकेश छत से कूद पड़ा।
    6. गंगा हिमालय से निकलती है।

7. यह माला मेरी है।
8. छत पर जाओ।
9. अरे भाई! तुम अब तक कहाँ थे?
10. गिलास में पानी है।

सर्वनाम (Pronoun)

संज्ञा के स्थान पर उसके अर्थ को सूचित करने के लिए प्रयुक्त होने वाला विकारी शब्द सर्वनाम है।

सर्वनाम के पाँच भेद हैं।

		एकवचन	**बहुवचन**
1.	पुरुषवाचक (Personal Pronouns)		
	उत्तम पुरुष (I Person)	मैं	हम
	मध्यम पुरुष (II Person)	तू	तुम, आप
	अन्य पुरुष (III Person)	वह, यह,	वे, ये
2.	निश्चयवाचक (Demonstrative)	वह, यह,	वे, ये
3.	अनिश्चयवाचक (Indefinite)	कोई, कुछ	कोई, कुछ
4.	सम्बन्धवाचक (Relative)	जो...सो	जो...सो
5.	प्रश्नवाचक (Interrogative)	कौन, क्या	कौन, क्या

1. पुरुषवाचक सर्वनाम (Personal Pronouns)

बोलनेवाले, सुननेवाले अथवा किसी अन्य व्यक्ति को सूचित करने के लिए प्रयुक्त होनेवाला सर्वनाम पुरुषवाचक सर्वनाम कहलाता है। इसके तीन प्रकार होते हैं।

1. उत्तम पुरुष 2. मध्यम पुरुष 3. अन्य पुरुष

बोलनेवाले या लिखनेवाले को सूचित करने वाला सर्वनाम उत्तम पुरुष (Frist Person) सर्वनाम कहलाता है।

जैसे—मैं पढ़ता हूँ। हम पढ़ते हैं।

सुनने वाले या पढ़ने वाले को सूचित करने वाला सर्वनाम मध्यमपुरुष (Second Person) सर्वनाम कहलाता है।

जैसे—तू इधर आ।

तुम क्या करते हो?

आप कहाँ जा रहे हैं?

कोई अन्य व्यक्ति या वस्तु के बारे में कुछ कहा या लिखा जाता है, उसको सूचित करने वाला सर्वनाम अन्य पुरुष (Third Person) सर्वनाम कहलाता है।

जैसे—यह किसका घर है।

वह कमीज मेरी है।

ये पुस्तक है।

वे नेता है।

2. निश्चयवाचक सर्वनाम (Demonstrative)

जिन सर्वनाम शब्दों से वक्ता के पास या दूर की वस्तु के निश्चय का बोध होता है, उन्हें निश्चयवाचक सर्वनाम कहते हैं। यह, वह, ये, वे आदि निश्चयवाचक सर्वनाम हैं।

निश्चयवाचक सर्वनाम दो प्रकार का होता है—

1. दूरवर्ती निश्चयवाचक 2. निकटवर्ती निश्चयवाचक

ज़िन सर्वनाम शब्दों से किसी संज्ञा की दूरी का बोध होता है, उन्हें दूरवर्ती निश्चयवाचक सर्वनाम कहते हैं।

जैसे—वह बहुत बड़ी इमारत है।

मैं वहाँ नहीं दौड़ा, क्योंकि बड़ी फिसलन थी।

जिन सर्वनाम शब्दों से किसी संज्ञा की निकटता का बोध होता है, उन्हें निकटवर्ती निश्चयवाचक सर्वनाम कहते हैं।

जैसे—यह मेरी पुस्तक है।

आप यहाँ आ जाइए।

3. अनिश्चयवाचक सर्वनाम (Indefinite)

जिन सर्वनाम शब्दों से वक्ता के पास या दूर की किसी निश्चित वस्तु का बोध न हो, उन्हें अनिश्चयवाचक सर्वनाम कहते हैं।

जैसे—द्वार पर कोई आया है।

वह कुछ तो लाया होगा।

अनिश्चयवाचक सर्वनाम के दो प्रकार होते हैं—

i. प्राणिबोधक अनिश्चयवाचक सर्वनाम

ii. वस्तुबोधक अनिश्चयवाचक सर्वनाम

जिन सर्वनाम शब्दों से प्राणिबोध में अनिश्चितता हो, उन्हें प्राणिबोधक अनिश्चयवाचक सर्वनाम कहते हैं। प्राणियों के लिए 'कोई', 'किसी' शब्द का प्रयोग किया जाता है।

जैसे—किसी ने तो खबर दी है।

कोई कुछ भी कहे, हम सच के साथ हैं।

जिन सर्वनाम शब्दों से वस्तु के विषय में अनिश्चयात्मकता का बोध होता है, उन्हें वस्तुबोधक अनिश्चयवाचक सर्वनाम कहते हैं। वस्तुओं के लिए कुछ शब्द का प्रयोग किया जाता है।

जैसे—आप के लिए कुछ मँगा दें।

रवि अपनी शादी पर कुछ तो दावत दो।

4. सम्बन्धवाचक सर्वनाम (Relative)

जो एक बात का दूसरी बात से सम्बन्ध प्रकट करते हैं, उन्हें सम्बन्धवाचक सर्वनाम कहते हैं।

जैसे—जो बोयेगा, सो काटेगा।

जो जागत है, वो पावत है।

जिसने जैसा किया उसको वैसा मिला।

5. प्रश्नवाचक सर्वनाम (Interrogative)

जिन सर्वनाम शब्दों से प्रश्न किये जाने का बोध हो, उन्हें प्रश्नवाचक सर्वनाम कहते हैं।

जैसे—तुम कौन हो?

तुम्हारा घर कहाँ है?

तुम यहाँ क्यों आये हो?

तुम्हारा नाम क्या है?

प्रश्नवाचक सर्वनाम के दो प्रकार हैं—

i. प्राणिबोधक प्रश्नवाचक सर्वनाम

ii. वस्तुबोधक प्रश्नवाचक सर्वनाम

जिन सर्वनाम शब्दों से किसी व्यक्ति या प्राणी के विषय में प्रश्न किए जाने का बोध हो, उन्हें प्राणिबोधक प्रश्नवाचक सर्वनाम कहते हैं।

जैसे—छत पर कौन है?

फल किससे मँगाऊँ।

जिन सर्वनाम शब्दों से किसी वस्तु के विषय में प्रश्न किये जाने का बोध हो, उन्हें वस्तुबोधक प्रश्नवाचक सर्वनाम कहते हैं।

जैसे—बाजार से क्या लाओगे?

तुम्हारे बाग में क्या है?

सर्वनामों के कारक रूप

(1) 'मैं' और 'तू' के साथ 'को, से, में, पर' लगने पर उनके रूप यों होते हैं।

मुझको (मुझे)	तुझको (तुझे)
मुझसे	तुझसे
मुझमें	तुझमें
मुझपर	तुझपर

(2) 'मैं, हम, तू, तुम' के साथ 'का, के, की, के लिए' प्रत्यय लगने पर उनके रूप यों बनते हैं।

मेरा, मेरे, मेरी, मेरे लिए

हमारा, हमारे, हमारी; हमारे लिए

तेरा, तेरे, तेरी; तेरे लिए

तुम्हारा, तुम्हारे, तुम्हारी; तुम्हारे लिए

(3) वह, यह, कौन, जो, कोई—इनके साथ विभक्ति प्रत्यय लगने पर रूप-परिवर्तन यों होता है।

वह-उसने	यह-इसने
उसको (उसे)	इसको (इसे)
उससे	इससे

उसका	इसका
कौन-किसने	जो-जिसने
किसको (किसे)	जिसको (जिसे)
किसने	जिससे
किसमें	जिस पर

कोई-किसी ने
किसी को
किसी पर

(4) वे, ये कौन, जो, कोई—ये बहुवचन सर्वनाम विभक्ति प्रत्यय लगने पर यों बदलते हैं।

वे	—	उनको (उन्हें), उनसे, उनका
ये	—	इनको (इन्हें), इनका, इनमें
कौन	—	किनको (किन्हें), किनसे, किन पर
जो	—	जिनको (जिन्हें), जिनका, जिनमें
कोई	—	किन्हीं से, किन्हीं पर

नोट—वे, ये, कौन, जो इन बहुवचन सर्वनामों के साथ 'ने' प्रत्यय लगने पर इसके निम्नलिखित रूप होते हैं।

उन्होंने	किन्होंने
इन्होंने	जिन्होंने

अभ्यास

1. सर्वनाम की परिभाषा लिखकर उसके भेद बताइए।
2. पुरुषवाचक सर्वनाम के भेद सोदाहरण स्पष्ट कीजिए।
3. निम्नलिखित सर्वनामों के कारक-रूप लिखिए—
   मैं, निजवाचक 'आप', कौन, कोई।
4. नीचे रिक्त स्थानों में सर्वनाम भरें—
   1. ....खेलते हैं। (उत्तम पुरुष सर्वनाम)
   2. ....कहाँ जाते हो? (मध्यम पुरुष सर्वनाम)
   3. ....किसका कमरा है? (अन्य पुरुष सर्वनाम)

4. ....ताजमहल देखने के लिए आये कुछ लोग हैं। (निश्चयवाचक सर्वनाम)

5. मुझे...........नहीं मिला। (अनिश्चयवाचक सर्वनाम)

6. मेरा एक कुत्ता है...........दिल्ली से लाया गया था। (सम्बन्धवाचक सव. 'नाम)

7. तुम बाजार से............लाये हो? (प्रश्नवाचक सर्वनाम)

8. ....दूर खड़ा रहा। (निश्चयवाचक)

9. हमें आपसे...............कहना है। (अनिश्चयवाचक)

10. आप............चाहते हैं? (प्रश्नवाचक)

5. नीचे लिखे अनुच्छेद में रिक्त स्थानों में उपयुक्त सर्वनाम लिखो—

...........यहाँ आया था...........उसने...........कहा...........काम में होशियार रहो, संसार में देख गया है.......परिश्रम करना है...........उत्तम फल प्राप्त करता है। जाने दो...........बात की...........काम की नहीं। श्याम और ....यहाँ गये हैं।

विशेषण (Adjective)

संज्ञा या सर्वनाम की विशेषता प्रकट करने वाले शब्द को विशेषण कहते हैं।

अच्छा लड़का	छोटा घर
गोल रसगुल्ला	मीठा आम

विशेषणों के चार प्रकार होते हैं–गुणवाचक, संख्यावाचक, परिमाणवाचक और सार्वनामिक।

1. गुणवाचक विशेषण (Adjectives of Quality)

संज्ञा के गुण, आकार, अवस्था, रंग आदि विशेषताओं का बोध कराने वाले विशेषण को गुणवाचक विशेषण कहते हैं।

गुण	–	भला, महात्मा, बेवकूफ, पापी
आकार	–	सुन्दर, गोल, नुकीला, सुडौल
अवस्था	–	मोटा, पतला, सुखी, कमजोर
रंग	–	पीला, काला, लाल, भूरा
देख	–	चीनी, पंजाबी, जापानी, रूसी
स्थान	–	बाहरी, भीतरी, ऊपरी
काल	–	नया, पुराना, पिछला, अगला

2. संख्यावाचक विशेषण (Adjective of Number)

वस्तु की संख्या, क्रम, आवृत्ति और समूह का बोध कराने वाले विशेषण को संख्यावाचक विशेषण कहलाता है। इसके दो भेद हैं–

(i) निश्चित संख्यावाचक

चार आम। दूसरा लड़का

(ii) अनिश्चित संख्यावाचक

बहुत किताबें   कई लड़के।

कुछ फल।   थोड़े दिन

3. परिमाणवाचक विशेषण (Adjective of Quantity)

वस्तुओं की माप, तौल या परिमाण को बताने वाला विशेषण परिमाण वाचक विशेषण कहलाता है। इसके दो भेद होते हैं–

(i) निश्चित परिमाणवाचक

सवा सेर गेहूँ।   सौ मन चावल।

दो बीघा जमीन।   ढाई गज कपड़ा।

(ii) अनिश्चित परिमाणवाचक

थोड़ा चावल।   अधिक मक्खन

सारा नगर।   कम दूध

4. सार्वनामिक विशेषण (Pronominal Adjective)

वस्तुओं की ओर निर्देश करने के लिए सर्वनामों का प्रयोग किया जाता है, ऐसे सर्वनाम विशेषण का अर्थ देते हैं, इसे सार्वनामिक विशेषण कहते हैं।

जैसे–यह घर, यह माला, वे आदमी।

इसके दो भेद हैं

(i) मूल सार्वनामिक विशेषण–

यह, वह, कौन, जो, कोई

जैसे–यह पुस्तक फटी है

वह आदमी अच्छा नहीं है।

(ii) यौगिक सार्वनामिक विशेषण

इतना, उतना, कितना, कैसा, जैसा, वैसा।

जैसे–जितना दिया उतना मिला।

जैसी करनी वैसी भरनी

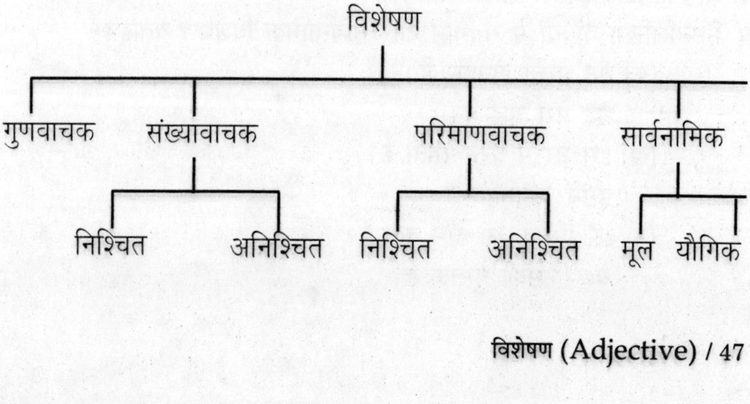

सामान्य रूप से विशेषण का स्थान विशेष्य के तुरन्त पहले होता है। पर कभी-कभी वह विशेष्य के बाद और क्रिया से पूर्व प्रयुक्त होता है। किसी वाक्य में विशेषण के स्थान के आधार पर उसके दो भेद माने जाते हैं–

विशेष्य विशेषण

विधेय विशेषण

1. विशेष्य विशेषण

विशेष्य के तुरन्त पहले प्रयुक्त विशेषण *विशेष्य विशेषण* कहलाता है।

नीला आकाश सुन्दर बालक

भोली लड़की साफ कपड़ा

2. विधेय विशेषण

विशेष्य के बाद तथा क्रिया से पूर्व, क्रिया के पूरक के रूप में प्रयुक्त विशेषण विधेय विशेषण कहलाता है।

मेरा मन भारी लगता है।

वह लड़का बहुत बीमार है।

यह घड़ी कीमती नहीं है।

अभ्यास

1. विशेषण किसे कहते हैं? उदाहरण देकर स्पष्ट कीजिए।
2. विशेषण कितने प्रकार के हैं? सोदाहरण स्पष्ट कीजिए।
3. तुलना की दृष्टि से विशेषण की कितनी अवस्थाएँ हैं?
4. सार्वनामिक विशेषण और सर्वनाम में क्या अन्तर है?
5. निम्नलिखित वाक्यों में सर्वनाम और सार्वनामिक विशेषण बताइए–

(क) यह बच्चा होनहार है।
यह मेरा भाई है।

(ख) इस घर में कौन रहता है?
इसमें कहानियाँ हैं

(ग) इस पुस्तक का दाम **क्या** है?
यह किसकी पुस्तक है?

6. निम्नलिखित शब्दों के विशेषण-रूप लिखिए–

दिन, ठण्ड, मद्रास, सप्ताह, वर्ष, घर, कार्य, भाग्य, परिश्रम, इतिहास, पुराण।

7. नीचे रिक्त स्थानों में विशेषण भरें–

1. वह लड़का............है। (गुणवाचक विशेषण)

2. गुलाब का फूल............होता है। (गुणवाचक विशेषण)

3. उनके घर में एक............गाय है। (गुणवाचक विशेषण)

4. आपने............उपाय सोचा है। (गुणवाचक विशेषण)

5. मेरे पास............पुस्तकें हैं। (संख्यावाचक विशेषण)

6. ....काम कर लो। (परिमाणवाचक विशेषण)

7. उस कक्षा में............विद्यार्थी हैं। (संख्यावाचक विशेषण)

8. हमारे घर में............घी है। (परिमाणवाचक)

9. ....व्यक्ति सभा में जायेगा। (सार्वनामिक विशेषण)

10. ....आदमी व्यवहार कुशल है। (सार्वनामिक विशेषण)

11. तुम्हारा स्वास्थ्य............है? (यौगिक सार्वनामिक)

12. मुझ से............बोझ सहन नहीं होता। (यौगिक सार्वनामिक)

13. ....कमरे खाली हैं। (मूल सार्वनामिक)

14. ....छात्राएँ अनुपस्थित हैं। (मूल सार्वनामिक)

15. उस गाड़ी में............यात्री है। (निश्चित परिमाणवाचक)

बेसिक हिन्दी पार्ट 2

क्रिया (Verb)

जिस शब्द से किसी व्यापार का होना या करना सूचित होता है, उसे क्रिया कहते हैं।

प्रकाश फैलता है। (होना)

दूकानदार कपड़ा बेचता है। (करना)

धातु

धातु वह मूल शब्द है जिससे क्रिया रूप बनता है।

आ, पी, चल, सो।

क्रियार्थक संज्ञा

धातुओं के साथ 'ना' लगाकर क्रिया का साधारण रूप बनाया जाता है। वाक्य में यह संज्ञा के स्थान पर प्रयुक्त होता है। इसलिए इसे क्रियार्थक संज्ञा (Verbal Noun) कहते हैं।

बार-बार कॉफ़ी पीना अच्छा नहीं है।

लिखने के लिए काग़ज़ दो।

क्रिया के भेद

कर्म की दृष्टि से क्रिया के दो भेद होते हैं–अकर्मक और सकर्मक।

जिन क्रियाओं के व्यापार के फल कर्ता में ही रहते हैं, वे अकर्मक कहलाते हैं।

मोहन सोता है।

बच्चा धीरे-धीरे चलता है।

जिन क्रियाओं के व्यापार का फल कर्ता को छोड़ कर्म पर पड़ता है, वे सकर्मक कहलाते हैं

हम चावल खाते हैं।

प्रेमचन्द ने कहानियाँ लिखीं।

रचना (बनावट) की दृष्टि से क्रिया के दो भेद हैं–मूल (रूढ़) क्रिया और यौगिक क्रिया।

जो क्रियाएँ धातुओं से बनती हैं, किसी अन्य शब्द से नहीं बनतीं, जिन्हें मूल अथवा रूढ़ क्रियाएँ कहते हैं।

सो–सोता है, सोया, सोयेगा।

पढ़–पढ़ता है, पढ़ा, पढ़ेगा।

जो क्रियाएँ धातुओं अथवा अन्य शब्दों के साथ प्रत्यय लगाकर बनायी जाती हैं, उन्हें यौगिक क्रियाएँ कहते हैं।

पढ़–पढ़ाना, पढ़वाना।

चल–चलाना, चलवाना।

इनके चार प्रकार हैं–

प्रेरणार्थक क्रिया, नामधातु क्रिया, संयुक्त क्रिया और अनुकरणात्मक क्रिया।

शाहजहाँ ने ताजमहल बनवाया । (प्रेरणार्थक)

दूसरों का दिल मत दुखाओ। (नामधातु)

शिकारी ने बाघ को मार डाला। (संयुक्त)

दरवाजा खटखटाना। (अनुकरणात्मक क्रिया)

प्रेरणार्थक क्रिया

क्रिया के जिस रूप से यह मालूम होता है कि क्रिया का कार्य किसी की प्रेरणा से होता है, उसे प्रेरणार्थक क्रिया कहते हैं।

अध्यापक विद्यार्थी से कविता पढ़वाते हैं।

राजा सेवक द्वारा मन्त्री को बुलवाते हैं।

अध्यापक कविता स्वयं नहीं पढ़ते, विद्यार्थी को इसकी प्रेरणा देते हैं। राजा मन्त्री को स्वयं नहीं बुलाते, इसके लिए सेवक को भेजते हैं। प्रेरणा देने वाले को प्रेरक कर्ता और प्रेरणा पाकर कार्य करने वाले को प्रेरित कर्ता कहते हैं। 'अध्यापक' और 'राजा' प्रेरक कर्ता हैं; 'विद्यार्थी' और 'सेवक' प्रेरित कर्ता हैं।

अकर्मक और सकर्मक क्रियाओं से प्रेरणार्थक क्रियाएँ बनती हैं। अकर्मक क्रियाएँ सकर्मक बनकर फिर प्रेरणार्थक बनती हैं।

अकर्मक	**सकर्मक**	**प्रेरणार्थक**
चलना	चलाना	चलवाना
उठना	उठाना	उठवाना

बैठना	बिठाना	बिठवाना
लेटना	लिटाना	लिटवाना
खेलना	खिलाना	खिलवाना
डूबना	डूबाना, डुबोना	डुबवाना
भीगना	भिगाना, भिगोना	भिगवाना
टूटना	तोड़ना	तुड़वाना
फटना	फाड़ना	फड़वाना
सोना	सुलाना	सुलवाना

सकर्मक क्रियाएँ द्विकर्मक बनकर फिर प्रेरणार्थक बनती हैं।

सकर्मक	**द्विकर्मक**	**प्रेरणार्थक**
पढ़ना	पढ़ाना	पढ़वाना
बोलना	बुलाना	बुलवाना
खाना	खिलाना	खिलवाना
लिखना	लिखाना	लिखवाना
देना	दिलाना	दिलवाना

नाम धातु

संज्ञा, विशेषण आदि शब्दों के साथ प्रत्यय लगाकर नाम धातु क्रियाएँ बनायी जाती हैं।

संज्ञा से :	दुख	दुखाना
	बात	बताना
	लाज	लजाना
	हाथ	हथियाना
विशेषण से :	गरम	गरमाना
	सूखा	सुखाना
	खट्टा	खटाना

संयुक्त क्रिया

दो या तीन मूल धातुओं को मिलाकर संयुक्त क्रियाएँ बनायी जाती हैं। संयुक्त क्रिया में पहली क्रिया मुख्य होती है। बाद में आने वाली क्रियाएँ उसके अर्थ में विशेषता पैदा करती हैं। संयुक्त क्रिया के कुछ उपभेद हैं।

(1) शक्ति सूचक	— कर सकना,	लिख सकना
(2) इच्छा सूचक	— खाना, चाहना,	देना चाहना
(3) आरंभ सूचक	— जाने लगना,	गाने लगना
(4) समाप्ति सूचक	— खा चुकना,	पी चुकना
(5) विवशता सूचक	— देना पड़ना,	जाना पड़ना
(6) नित्यता सूचक	— पढ़ा करना,	दिया करना
(7) पुनरुक्त संयुक्त क्रिया	— करना-धरना,	पढ़ना-लिखना, लेना-देना

सहायक क्रिया और रंजक क्रिया में अन्तर

सक, चुक, लग, चाह, दे—आदि के अपने निश्चित अर्थ होते हैं जैसे 'सक' शक्ति को सूचित करता है, 'चुक' समाप्ति को 'लग' आरम्भ को और 'चाह' इच्छा को और दे अनुमति को। ये क्रियाएँ स्वतन्त्र रूप से प्रयुक्त नहीं होतीं, किसी मुख्य क्रिया के अर्थ में विशेषता लाने के लिए ही प्रयुक्त होती हैं।

जा, उठ, बैठ, पड़, डाल आदि मुख्य क्रियाएँ हैं। पर ये क्रियाएँ किसी अन्य क्रिया के पीछे आकर उसके अर्थ में विशेषता पैदा करती हैं। ऐसी हालत में वे अपने स्वतन्त्र अर्थ को छोड़ देती हैं। ऐसी क्रियाओं को रंजक क्रियाएँ कहते हैं।

उदाहरण—मार डालना, बोल उठना,
कर बैठना, लिख मारना, जल जाना।

अनुकरणात्मक क्रिया

किसी वास्तविक या कल्पित ध्वनि को अनुकरण को हम अनुकरणात्मक क्रिया कहते हैं।

जैसे–खटखट से खटखटाना, भनभन से भनभनाना, थरथर से थरथराना, सनसन से सनसनाना आदि।

अभ्यास

1. क्रिया की परिभाषा लिखकर उदाहरण सहित समझाइए।
2. क्रिया का सामान्य रूप और धातु से क्या तात्पर्य है?
3. अकर्मक और सकर्मक क्रियाओं की परिभाषा दीजिए।
4. द्विकर्मक क्रिया से क्या तात्पर्य है? उदाहरण देकर समझाइए।
5. व्युत्पत्ति के अनुसार क्रिया के कितने भेद हैं? उदाहरण सहित समझाइए।

6. प्रेरणार्थक क्रिया बनाने के मुख्य नियम क्या-क्या हैं?
7. संयुक्त क्रिया के विविध रूपों का परिचय दीजिए।
8. नीचे दिये गये क्रिया रूपों से धातु बनाइए।
   खाना, देखना, पढ़ना, चलना, जाना, गाना, आना, करना, सीखना, बोलना, चाहना, खेलना, पीना।
9. निम्नलिखित अकर्मक क्रियाओं के सकर्मक और प्रेरणार्थक क्रियाएँ लिखिए–
   गिरना, उठना, चलना, पढ़ना, खेलना, दौड़ना, रोना, मरना, लिखना, लदना, टलना, पीसना, उखड़ना।
10. नीचे रिक्त स्थानों में संयुक्त क्रिया भरें–
    1. शीला गाना............है। (शक्ति सूचक)
    2. सैनिक वापस.........है। (इच्छा सूचक)
    3. वह पाठ.......। (आरम्भ सूचक)
    4. राम किताब.........। (समाप्ति सूचक)
    5. उसको काम.........। (विवशता सूचक)
    6. बच्चा सदैव.........है। (नित्यता सूचक)
    7. हम साथ-साथ........हैं। (पुनरुक्त संयुक्त क्रिया)
    8. नौकरानी काम........(आरम्भ सूचक)
    9. बच्चा दूध........(समाप्ति सूचक)
    10. राम को दिल्ली........(विवशता सूचक)
11. निम्नलिखित वाक्यों की क्रियाओं का प्रेरणार्थक रूप बनाइए–
    1. मैं तुम्हें बहुत कुछ दूँगा।
    2. तू सोया है।
    3. यह जागी है।
    4. मेरी लड़की ने तुम से कह दिया।
    5. कपड़े सिये जा रहे रहे हैं।

अव्यय (अविकारी शब्द)

लिंग, वचन, कारक या पुरुष के कारण जिन शब्दों में विकास या रूपान्तर नहीं होता, उन्हें अव्यय अथवा अविकारी शब्द कहते हैं। अविकारी शब्द चार प्रकार के होते हैं–

(i) क्रिया विशेषण

(ii) सम्बन्ध बोधक

(iii) समुच्चय बोधक

(iv) विस्मयादि बोधक

क्रियाओं में रूपान्तर

क्रिया विकारी शब्द होने के कारण लिंग, वचन, पुरुष, वाच्य और काल के कारण क्रिया में रूपान्तर होते हैं। वाच्य और काल का क्रिया रूपों से सीधा सम्बन्ध है।

क्रिया के विधान का मुख्य विषय कर्ता, कर्म और क्रिया का भाव या अर्थ हो जाये तो उसे वाच्य कहते हैं।

क्रियाओं के जिस रूप से यह जाना जाता है कि क्रिया के विधान का मुख्य विषय कर्ता है, उसे कर्तृवाच्य कहते हैं। सकर्मक और अकर्मक क्रियाएँ कर्तृवाच्य में प्रयुक्त होती हैं–

लड़का पुस्तक पढ़ता है।
सीता गीत गाती है। } सकर्मक

वे कुर्सी पर बैठते हैं।
लीला पाँच बजे उठती है। } अकर्मक

क्रियाओं के जिस रूप से यह जाना जाता है कि क्रिया के विधान का मुख्य विषय कर्म है, उसे कर्मवाच्य कहते हैं।

राधा से कपड़े खरीदे गये।

उससे दो रोटियाँ खायी गयीं।

क्रियाओं के जिस रूप से यह जाना जाता है कि क्रिया के विधान का मुख्य विषय क्रिया का अर्थ अथवा भाव ही है, उसे भाववाच्य कहते हैं।

भूख के कारण बच्चे से सोया नहीं जाता।

बुखार के कारण ठीक खाया नहीं जाता।

काल (Tense)

क्रिया के जिस रूप से समय का बोध होता है, उसे व्याकरण में काल कहते हैं।

क्रियाओं के मुख्य रूप से तीन काल होते हैं–भूत काल, वर्तमान काल और भविष्य काल।

भूत काल

क्रिया के जिस रूप से बीते हुए समय का बोध हो, उसे भूत काल कहते हैं।

भूत काल के मुख्य रूप से सात भेद हैं–

1. सामान्य भूत काल–क्रिया के जिस रूप से भूत काल के किसी विशेष समय का निश्चय नहीं होता, उसे सामान्य भूत काल कहते हैं–

राम ने आम खाया।

लड़के ने कहानी लिखी।

2. आसन्न भूत काल–क्रिया के जिस रूप से यह समझा जाये कि क्रिया के व्यापार को बीते अधिक समय न हुआ हो, उसे आसन्न भूत काल कहते हैं–

गोपाल ने लिखा है।

लड़की चली है।

3. पूर्ण भूत–क्रिया के जिस रूप से यह मालूम होता है कि उसके व्यापार को समाप्त हुए बहुत समय बीत चुका है, वह पूर्ण भूत काल कहलाता है।

लड़का चला था।

उसने लिखा था।

4. सम्भाव्य भूत काल–भूतकाल में क्रिया के व्यापार होने की सम्भावना का भाव प्रकट होता है।

उसने पुस्तक पढ़ी हो।

वह घर गया हो।

5. सन्दिग्ध भूत काल–क्रिया के जिस रूप से भूत काल तो पाया जाए किन्तु उसके होने में कुछ सन्देह हो, उसे सन्दिग्ध भूत कहते हैं–

लड़का आया होगा।

उसने लिखा होगा।

6. अपूर्ण भूत काल–क्रिया के जिस रूप से यह जाना जाए कि क्रिया भूत काल में हो रही थी, पर उसकी समाप्ति का पता न लगे, वह अपूर्ण भूत काल कहलाता है–

वह चलता था।

वह चल रहा था।

लड़की आयी थी।

लड़की आ रही थी।

7. हेतुहेतुमत भूत काल–क्रिया के जिस रूप से यह पाया जाए कि कार्य का भूत काल में होना सम्भव था, किन्तु किसी कारणवश न हो सका, उसे हेतुहेतुमत भूत काल कहते हैं–

यदि मैं आता तो वह चला जाता।

यदि वह अच्छी तरह पढ़ता तो पास हो जाता।

कर्तृवाच्य में यदि कोई सकर्मक क्रिया सामान्य, आसन्न, सन्दिग्ध या पूर्ण भूत के रूप में हो तो उस क्रिया के साथ ने विभक्ति लगती है–

बच्चे ने दूध पिया।

सीता ने पाठ पढ़ा है।

नौकर ने काम किया होगा।

गोपाल ने कपड़ा खरीदा था।

वर्तकान काल

वर्तमान समय में क्रिया के होने का बोध हो तो उसे वर्तमान काल कहते हैं।

वर्तमान काल के मुख्य रूप से चार भेद होते हैं–

1. सामान्य वर्तमान काल–वर्तमान काल में क्रिया के होने का बोध होता है–

वह लिखता है।

लीला गाती है।

2. तात्कालिक वर्तमान काल–वर्तमान काल में क्रिया के चलते रहने का बोध होता है।

वह लिख रहा है।
लीला गा रही है।

3. सम्भाव्य वर्तमान काल–वर्तमान काल में ही क्रिया के पूरा होने की सम्भावना होती है।

वह लिखता हो।
लड़का चलता हो।

4. सन्दिग्ध वर्तमान काल–वर्तमान काल में क्रिया के होने में सन्देह पैदा होता है।

वह लिखता होगा।
वे गाते होंगे।

भविष्यत् काल

क्रिया के जिस रूप से आने वाले काल का बोध हो, उसे भविष्यत काल कहते हैं।

भविष्यत् काल के दो भेद होते हैं–

1. सामान्य भविष्यत् काल–क्रिया के जिस रूप से क्रिया के आगे होने की सूचना मिलती है, उसे सामान्य भविष्यत् काल कहते हैं।

मैं पाठ पढ़ूँगा।
तुम आओगे।

2. सम्भाव्य भविष्यत् काल–क्रिया के जिस रूप से भविष्य में कार्य होने की सम्भावना हो, उसे सम्भाव्य भविष्यत् कहलाता है।

शायद आज वर्षा होगी।
वह विजयी हो जाए।

अभ्यास

1. वाच्य क्या है? वाच्य के प्रकारों को सोदाहरण समझाइए।
2. काल के कितने भेद हैं? उदाहरण देकर स्पष्ट कीजिए।
3. वर्तमान काल के भेदों का सोदाहरण परिचय दीजिए।
4. भूत काल के भेदों का उदाहरण देकर स्पष्ट कीजिए।
5. भविष्यत् काल भेदों का उदाहरण देकर स्पष्ट कीजिए।
6. देख, लिख, पढ़ आदि धातुओं की रूपावली प्रत्येक काल में लिखिए।
7. निम्नलिखित गद्यांश को भूत काल में बदलकर लिखिए।

गोपाल अच्छी तरह पढ़ता है। गरीब पिता जी उसकी पढ़ाई की सफलता के लिए कठिन परिश्रम करते हैं। परीक्षा में गोपाल प्रथम स्थान पाकर उत्तीर्ण हो जाता है। सभी लोग उसको आशीर्वाद देते हैं। अन्त में गोपाल एक वरिष्ठ अधिकारी बन जाता है। वह कहता है कि यह अपने पिता के तन-मन तोड़ परिश्रम का ही फल है।

8. निम्नलिखित भूत काल भेदों के नाम लिखिए–
   1. राम ने रोटी खायी थी।
   2. वह दफ़्तर में आया होगा।
   3. वे किताब लाये।
   4. गोपाल दिल्ली चला है।
   5. लड़के पढ़ते थे।
   6. उसने पत्र लिखा।
   7. राम लिखता था।
   8. वह दौड़ रहा था।
   9. लड़का आया हो।
   10. गाड़ी चली होगी।
9. निम्नलिखित वर्तमान काल भेदों के नाम लिखिए–
   1. लड़के खेल रहे हैं।
   2. सीता पढ़ती है।
   3. बच्चा दूध पीता है।
   4. वे दौड़ते हैं।
   5. राम आता होगा।
   6. नौकर चलता है।
   7. लड़कियाँ काम कर रही हैं।
   8. वे पत्र देखते हैं।
   9. वे लौटते होंगे।
   10. लड़के लिखते हैं।
10. निम्नलिखित भविष्यत् काल भेदों के नाम लिखिए–
   1. आप मुझ पर कृपा करें।
   2. आप कल वहाँ चलेंगे?

3. मैं यह पत्र लिखूँगा।
4. हम लोग यहाँ बैठें?
5. हम उस समय लिखते रहेंगे।
6. सत्य बोलो।
7. सब लोग चलेंगे।
8. हमें सद्‌बुद्धि दो।
9. शायद दादाजी आएँ।
10. वह गीत गाएगी।

क्रिया विशेषण (Adverb)

क्रिया की विशेषता को प्रकट करने वाला अविकारी शब्द क्रिया विशेषण (Adverb) कहलाता है।

उदाहरण– अरब के घोड़े तेज़ दौड़ते हैं।
जल्दी चलो गाड़ी निकल जाएगी।
धीरे-धीरे रे मना, धीरे सब कुछ होय।

विशेषण संज्ञा की विशेषता को प्रकट करता है और क्रिया विशेषण क्रिया की विशेषता को प्रकट करता है और क्रिया विशेषण क्रिया की विशेषता को। विशेषण विकारी शब्द है और क्रिया विशेषण अविकारी शब्द है। इसलिए लिंग, वचन आदि के कारण विशेषण के रूप में परिवर्तन हो सकता है, पर क्रिया विशेषण के रूप में नहीं।

अच्छा लड़का रोज़ अपना पाठ पढ़ता है।
नीली साड़ी का दाम सत्तर रुपये हैं। } विशेषण
हमने मीठे फल खाये।

गाड़ी धीरे-धीरे चलती है।
लड़के तेज़ दौड़ रहे हैं। } क्रिया विशेषण
वे वहाँ अवश्य जाएँगे।

(i) अर्थ की दृष्टि से क्रिया विशेषण के चार प्रकार होते हैं–

1. स्थानवाचक
2. काल वाचक
3. परिमाण वाचक
4. रीति वाचक

(i) स्थानवाचक क्रिया विशेषण

कार्य के होने का स्थान या दिशा जिससे सूचित हो, उसे स्थानवाचक क्रिया-विशेषण कहते हैं–

जैसे–स्थान–अन्दर, बाहर, ऊपर, नीचे, आसपास, कहीं, सामने, यहाँ, वहाँ, दूर, पास।

दिशा–दाहिने, बाहिने, इधर, उधर, आगे, पीछे।

(ii) कालवाचक क्रिया विशेषण

कार्य के होने के समय को सूचित करनेवाला अविकारी शब्द कालवाचक क्रिया-विशेष कहलाता है–

जैसे–समय–कल, परसों, आज, जब, तब, आजकल, अभी, तभी, सबेरे, शाम को, सदा, पहले, बाद में।

अवधि–अक्सर, हमेशा, अब तक, लगातार, तुरन्त, दिन-भर, अब से, अभी तक।

(iii) परिमाणवाचक क्रिया विशेषण

जिस अविकारी शब्द से कार्य के होने का परिमाण सूचित हो, उसे परिमाणवाचक क्रिया विशेषण कहते हैं–

जैसे–इतना-उतना, अत्यन्त, थोड़ा, कम, कुछ, तनिक, केवल।

(iv) रीतिवाचक क्रिया विशेषण

कार्य के होने की रीति जिससे सूचित हो, उसे रीतिवाचक क्रिया विशेषण कहते हैं। इसके अनेक भेद होते हैं।

प्रकार–जल्दी, धीरे-धीरे, ऐसे-वैसे, यों ही, अचानक, अच्छी तरह, ध्यान से, सावधानी से, पैदल, पढ़ते-पढ़ते, खड़े-खड़े, स्वयं, आप।

निश्चय–ज़रूर, अवश्य, सचमुच, वास्तव में, बेशक।

अनिश्चय–शायद, सम्भवतः, कदाचित।

कारण–अत: अतएव, इसलिए, क्योंकि।

प्रश्न–क्यों, क्या, कैसे, कब।

निषेध–न, नहीं, मत।

(ii) प्रयोग की दृष्टि से क्रिया विशेषण के तीन भेद होते हैं–

1. **साधारण क्रिया विशेषण**–जिन क्रिया विशेषणों का प्रयोग स्वतन्त्र रूप से वाक्य में किया जाता है उन्हें साधारण क्रिया विशेषण कहते हैं।

   जैसे–बेटा, जल्दी आओ।

   तुम कहाँ गए?

2. **संयोजक क्रिया विशेषण**–जिन क्रिया विशेषणों का सम्बन्ध किसी उपवाक्य से होता हैं, उन्हें संयोजक क्रिया विशेषण कहते हैं।

   जैसे–तुम जाओगे, वहाँ मैं जाऊँगा।

3. **अनुबद्ध क्रिया विशेषण**–जिन शब्दों का प्रयोग निश्चय के किसी भी शब्द भेद के साथ हो सकता है।

   जैसे–मेरा काम तो गलत ही हुआ है।

(iii) रूप के आधार पर क्रिया विशेषण के तीन भेद–

1. **मूल क्रिया विशेषण**–वे शब्द जो किसी अन्य शब्द के साथ जुड़े बिना क्रिया विशेषण बन जाते है।

   जैसे–ऊपर, दूर, पास, आज, सदा, अचानक, फिर, नहीं आदि

   वह ऊपर चढ़ गया।

   बच्चा सदा रोता रहता है।

2. **यौगिक क्रिया विशेषण**–अन्य किसी शब्द के साथ जुड़कर क्रिया विशेषण बननेवाले शब्दों को यौगिक क्रिया विशेषण कहते हैं।

   जैसे–संज्ञा से

   रात भर, सवेरे, सायं, क्रमशः

   सर्वनाम से

   यहाँ, वहाँ, इतना, उतना, अब, कब, जब, जिससे

   विशेषण से

   पहले, दूसरे, धीरे

   क्रिया से

   खाते, पीते, सोते, उठते, बैठते।

3. **स्थानीय क्रिया विशेषण**–कभी-कभी संज्ञा, विशेषण आदि दूसरे शब्द बिना किसी विकार के क्रिया विशेषण के स्थान पर प्रयुक्त होते हैं। उन्हें स्थानीय क्रिया विशेषण कहते हैं।

   जैसे–गोपाल यह काम खाक करेगा।

   राधा खाना अच्छा पकायेगी।

अभ्यास

1. क्रिया विशेषण किसे कहते हैं? सोदाहरण समझाइए।
2. विशेषण और क्रिया विशेषण में अन्तर सोदाहरण स्पष्ट कीजिए।
3. अर्थ की दृष्टि से क्रिया विशेषण के कितने भेद हैं? प्रत्येक का परिचय सोदाहरण दीजिए।
4. निम्नलिखित रिक्त स्थानों को उचित क्रिया विशेषण से भरें–
    1. नगर यहाँ से...............पड़ता है। (मूल क्रिया विशेषण)
    2. सेवक...............रहता है। (साधारण क्रिया विशेषण)
    3. आप आज्ञा देंगे...............मैं उठूँगा (संयोजक क्रिया विशेषण)
    4. तुमने उसे देखा...............नहीं। (अनुबद्ध क्रिया विशेषण)
    5. राम...............जाओ। (साधारण क्रिया विशेषण)
    6. हम...............जायेंगे। (स्थानवाचक क्रिया विशेषण)
    7. तुम्हें...............जाना चाहिए। (स्थानवाचक)
    8. मेरा भाई...............बनारस जायेगा। (कालवाचक क्रिया विशेषण)
    9. ....आप कहाँ रहते है? (कालवाचक)
    10. ....बिजली चमकी। (रीतिवाचक)
    11. वह...............उत्तीर्ण होगा। (रीतिवाचक)
    12. ....आज पत्र आये। (रीतिवाचक)
    13. उसने बच्चे को...............मारा। (परिमाणवाचक)
    14. मेरी छोटी बहन...............बोलती है। (रीतिवाचक)
    15. आपने...............भाषण दिया। (कालवाचक)
5. निम्नलिखित वाक्यों के रिक्त स्थानों में उचित क्रिया विशेषण लिखिए—

    गाड़ी............चल रही थी, ...एक मोटर............ आयी, दोनों............टकरा गयी। रायसाहब............जा रहे थे। ....उनका पैर एक कोमल चीज़ पर पड़ा............काँप उठे।

सम्बन्धबोधक (Post-Position)

संज्ञा या सर्वनाम के पीछे आकर वाक्य के दूसरे शब्दों से उसका सम्बन्ध सूचित करनेवाला अविकारी शब्द सम्बन्धबोधक कहलाता है।

जैसे–मन्दिर के पीछे खेल मैदान है।

घर के सामने दूकान है।

आगे, पीछे, बाद में आदि क्रिया विशेषण भी हैं। पर ये ही किसी संज्ञा या सर्वनाम के पीछे आकर सम्बन्धबोधक बन जाते हैं।

अर्थ के अनुसार सम्बन्धबोधक के कई भेद हैं–

(i) कालवाचक .... के पहले, के बाद

(ii) स्थानवाचक .... के पास, के ऊपर, के नीचे

(iii) दिशासूचक .... की तरफ, की ओर

(iv) उद्‌देश्यवाचक .... के निमित्त, के लिए

(v) कारणवाचक .... के कारण

(vi) साधनवाचक .... के द्वारा, के सहारे

(vii) सादृश्यवाचक .... के समान, के बराबर, की तरह

(viii) विरोधवाचक .... के खिलाफ, के प्रतिकूल

(ix) साहचर्यवाचक .... के साथ, के समेत

(x) व्यतिरेकवाचक .... के अलावा, के सिवा, के बिना

सम्बन्धबोधक अव्यय में कभी-कभी 'के लुप्त रहता है।

जैसे–इस बारे में, उस ओर, किस तरह, पत्नी समेत।

अभ्यास

1. सम्बन्धबोधक से क्या तात्पर्य है? सोदाहरण स्पष्ट कीजिए।
2. अर्थ की दृष्टि से सम्बन्धबोधक के कितने भेद हैं? सोदाहरण समझाइए।
3. नीचे लिखे वाक्यों के खाली स्थानों में उपयुक्त सम्बन्धबोधक अव्यय लिखिए–
    1. परिश्रम............कुछ नहीं मिलता।
    2. भूख..............चल न सकता था।
    3. बाजार से स्टेशन.............का मार्ग दो मील है।
    4. वह मेरे.............आया।
    5. मैं तुमको अपने भाई के..........मानता हूँ।
    6. मेरे...........आओ।
    7. अध्यापक...........सारे विद्यार्थी आये थे।
    8. यह काम भोजन.............होना चाहिए।
    9. दुर्बलता...........उससे उठा नहीं जाता।
    10. हवा..............जी नहीं सकता।
4. नीचे लिखे वाक्यों में सम्बन्धबोधक अव्यय बताइए–

    चूहा खेलते-खेलते सिंह के ऊपर चढ़ गया। उसका राज्य भारत पर्यन्त फैल गया। वे राजकुमारी सहित आँधी के समान सरपट दौड़ने लगे। भीमसिंह अलाउद्दीन के साथ पुल के पार उसके सैनिकों के पास तक बढ़ आये।
5. नीचे लिखे वाक्यों में खाली स्थानों में उपयुक्त सम्बन्धबोधक अव्यय लिखिए–

    आज मेरे.......आपकी दावत है। रामचन्द्रजी के.......लक्ष्मणजी चौदह वर्ष.......वन में रहे।

    वे घर ....से निकले ही थे कि पेड़ के.......से एक साँप उनकी.......आता दिखाई दिया।

समुच्चयबोधक (Collective)

शब्दों, वाक्यांशों या वाक्यों को मिलाने वाला अविकारी शब्द समुच्चयबोधक अथवा योजक कहलाता है।

सीता और राधा

सब बोलना या चुप रहना।

मैं वहाँ गया, पर उससे न मिल सका।

अर्थ की दृष्टि से समुच्चयबोधक के निम्न भेद हैं–

1. संयोजक – और, एवं, तथा, भी, फिर

2. विकल्पबोधक – या, अथवा, चाहे, या तो, ...या

3. विरोध वाचक – पर, परन्तु, लेकिन, मगर, बल्कि, किन्तु

4. परिणाम सूचक – इसलिए, क्योंकि, ताकि, जोकि, अतएव, अत:

5. कारण सूचक – क्योंकि, इसलिए कि

6. उद्देश्य सूचक – कि, ताकि, जिससे

7. संकेत सूचक – यदि...तो, यद्यपि...तथापि, अगर...तो

8. स्वरूपवाचक – मानो, यानी, अर्थात्

अभ्यास

1. समुच्चयबोधक से क्या तात्पर्य है? सोदाहरण स्पष्ट कीजिए।
2. समुच्चयबोधक शब्दों से रिक्त स्थानों की पूर्ति कीजिए–

   1. हम लोग आगरा जायेंगे........ताजमहल देखेंगे।

   2. सीता जायेगी...........सुजाता जायेगी।

   3. राम ने परिश्रम नहीं किया..........वह प्रथम श्रेणी में उत्तीर्ण हो गया।

   4. वह अस्वस्थ है..........सभा में उपस्थित न हो सका।

5. अध्यापक ने छात्र को समझाया...........तुम्हें ऐसा काम नहीं करना चाहिए।

6. मैंने देखा.............चारों ओर अन्धकार छाया है।

7. यदि वे आते.........कितनी रौनक हो जाती।

8. छात्र आज उदास है.............उसकी पुस्तक खो गयी।

9. हम बाहर निकले..............वर्षा प्रारम्भ हुई।

10. वह इसलिए मेहनत करता है..............देश की प्रगति हो।

3. निम्नलिखित योजकों का अपने वाक्यों में प्रयोग कीजिए–

या, ताकि, इसलिए, क्योंकि, अर्थात् न–न, मानो।

4. रिक्त स्थानों में योजक लिखिए–

(क) जान गयी.........अभिमान न गया। (ख) भाग जाओ........पकड़े जाओगे।

(ग) चोरी की.........पकड़ा गया। (घ) वह जाता...........यहाँ आपत्ति आती।

(ङ) सत्य यह है........प्रभु किसी को गरीबी न दे।

विस्मयादिबोधक (Exclamatiry)

जिन अविकारी शब्दों से विस्मय, शोक, हर्ष, लज्जा आदि मनोभाव प्रकट होते हैं। उन्हें विस्मयादिबोधक कहते हैं–

1. विस्मयसूचक	हैं! ऐं! ओहो! बाप रे! ओह!
2. हर्षसूचक	शाबाश!, वाह!, अच्छा! जय हो!
3. शोकसूचक	हाय!, हो!, आह!, हा!
4. स्वीकारसूचक	अच्छा!, ठीक!, जी हाँ! हाँ
5. तिरस्कारसूचक	हट!, छिः! चुप! धत्!, धिक!
6. अनुमोदनसूचक	हाँ!, ठीक!, अच्छा!, अवश्य
7. सम्बोधनसूचक	रे!, जी!, ओ!, अरे!, हे!
8. आशीर्वादसूचक	जिओ!, जीते रहो!, जय हो!

संज्ञा, विशेषण आदि कुछ अन्य शब्द-भेद कभी-कभी विस्मयादिबोधक के रूप में प्रयुक्त होते हैं।

उदाहरण–भगवान! शिव शिव! क्यों! बहुत अच्छा! सर्वनाश हो गया!

अभ्यास

1. विस्मयादिबोधक से क्या तात्पर्य है? सोदाहरण समझाइए।

2. भिन्न-भिन्न मनोविकारों को प्रकट करने के लिए कौन-कौन से अव्यय प्रयुक्त होते हैं।

3. विस्मयादि बोधक शब्दों से रिक्त स्थानों की पूर्ति कीजिए–

1. ....!उन्हें सुबुद्धि दें।

2. ....!कैसा सुन्दर दृश्य है।

3. सेनापति का........।

4. ....अब इसी तरह लिखना।

5. ....मैं इस समय दिल्ली में होता।

6. ....!अब क्या होगा?

7. ....!उसे क्यों छू रहे हो?

8. ....!वे ठीक समय पर पहुँच गये।

9. ....!उसे मत छूना।

10. ....!फिर आ गये?

4. हाय, धिक, ओहो, धन्य आदि अव्ययों का वाक्यों में प्रयोग कीजिए–

उपसर्ग और प्रत्यय (Prefix, Suffix)

उपसर्ग और प्रत्यय

भाषा में शब्दों के साथ शब्दांश मिलाकर नये शब्द बनाते हैं। यौगिक और योगरूढ़ शब्द इस प्रकार बने हुए हैं। किसी शब्द के पहले लगाकर उसके अर्थ में विशेषता पैदा करने वाला शब्दांश उपसर्ग (Prefix) है।

मान	–	अभिमान
कार	–	उपकार, अपकार
भव	–	विभव, पराभव

किसी शब्द के पीछे लगकर उसके अर्थ में विशेषता पैदा करने वाला शब्दांश प्रत्यय (Suffix) हैं।

चढ़ना	+	आई	=	चढ़ाई
गाड़ी	+	वान	=	गाड़ीवान

उपसर्ग के प्रकार

हिन्दी में तीन प्रकार के उपसर्ग होते हैं–संस्कृत के; हिन्दी के और उर्दू के। संस्कृत उपसर्ग संस्कृत शब्दों के पहले, हिन्दी उपसर्ग हिन्दी शब्दों के पहले और उर्दू उपसर्ग उर्दू शब्दों के पहले लगते हैं।

संस्कृत उपसर्ग

उपसर्ग	शब्द
सु	सुपुत्र, सुकर्म
कु	कुपुत्र, कुकर्म
अनु	अनुचर, अनुज

अप	अपकर्ष, अपशब्द
अव	अवगुण, अवनति
उत्	उत्कर्ष, उत्तम
दुर	दुराचार, दूरवस्था
प्र	प्रबल, प्रचार
स	सजीव, सफल
सह	सहचर, सहपाठी

हिन्दी उपसर्ग

अन	अनगिनत, अनमोल
अध	अधखिला, अधपका
औ	औगुन, औघट
उन	उनतीस, उनचास
दु	दुधारू, दुगुना
नि	निडर, निकम्मा
भर	भरपेट, भरसक

उर्दू उपसर्ग

खुश	खुशबू, खुशहाल
बद	बदबू, बदनाम
ना	नापसन्द, नालायक
कम	कम उम्र, कमजोर

प्रत्यय के प्रकार

प्रत्यय दो प्रकार के होते हैं–कृत प्रत्यय और तद्धित प्रत्यय।

किसी क्रियाधातु के साथ लगकर क्रिया से भिन्न शब्द बनाने वाले प्रत्यय को कृत प्रत्यय कहते हैं। कृत् प्रत्यय के लगने से बनने वाले नये शब्द को कृदन्त कहते हैं–

धातु	कृत् प्रत्यय	कृदन्त
खेलना	औना	खिलौना
लिखना	आवट	लिखावट
करना	वाला	करने वाला
लडना	आई	लड़ाई
दौड़ना	वाला	दौडने वाला
डरना	आवना	डरावना
झूलना	आ	झूला

संज्ञा, सर्वनाम आदि के साथ लगाकर नये शब्द बनाने वाले प्रत्ययों को तद्धित प्रत्यय कहते हैं। तद्धित प्रत्ययों के लगने से बनने वाले नये शब्द तद्धितान्त कहलाते हैं।

शब्द	तद्धित प्रत्यय	तद्धितान्त
बूढ़ा	आपा	बुढ़ापा
बच्चा	पन	बचपन
भला	आई	भलाई
मीठा	आस	मिठास
लोहा	आर	लुहार
चमक	दार	चमकदार
गाड़ी	वान	गाड़ीवान

अभ्यास

1. उपसर्ग से क्या तात्पर्य है? हिन्दी में प्रयुक्त प्रमुख उपसर्गों का परिचय दीजिए।
2. प्रत्यय से क्या तात्पर्य है? उसके भेदों का परिचय दीजिए।
3. कृदन्त क्या है?
4. तद्धितान्त से मतलब क्या है?
5. निम्नलिखित उपसर्गों से युक्त दो-दो शब्द बनाइए—

सु, उप, वि, पर सम्

6. निम्नलिखित यौगिक शब्दों से उपसर्ग अलग कीजिए–

   अनुपस्थिति, अत्यधिक, अपमान, सदाचार, सुव्यवस्थित, प्रबल, कपूत, हमदर्द, बेचारा।

7. निम्नलिखित शब्दों से प्रत्यय अलग कीजिए–

   पढ़ने वाला, खिलाड़ी, गवैया, झगड़ालू, डरावना।

8. कृतप्रत्यय और तद्धित प्रत्यय में क्या अन्तर है?

दैनिक जीवन में हिन्दी

गिनती

गिनती	Numbers
शून्य (0)	Zero (0)
एक (१)	One (1)
दो (२)	Two (2)
तीन (३)	Three (3)
चार (४)	Four (4)
पाँच (५)	Five (5)
छः (६)	Six (6)
सात (७)	Seven (7)
आठ (८)	Eight (8)
नौ (९)	Nine (9)
दस (१०)	Ten (10)
ग्यारह (११)	Eleven (11)
बारह (१२)	Twelve (12)
तेरह (१३)	Thirteen (13)
चौदह (१४)	Fourteen (14)
पन्द्रह (१५)	Fifteen (15)
सोलह (१६)	Sixteen (16)
सत्रह (१७)	Seventeen (17)
अठारह (१८)	Eighteen (18)

उन्नीस (१९)
बीस (२०)
इक्कीस (२१)
बाईस (२२)
तेईस (२३)
चौबीस (२४)
पच्चीस (२५)
छब्बीस (२६)
सत्ताईस (२७)
अट्ठाईस (२८)
उनतीस (२९)
तीस (३०)
इकतीस (३१)
बत्तीस (३२)
तैंतीस (३३)
चौंतीस (३४)
पैंतीस (३५)
छत्तीस (३६)
सैंतीस (३७)
अड़तीस (३८)
उनतालीस (३९)
चालीस (४०)
इकतालीस (४१)
बयालीस (४२)
तैंतालीस (४३)
चवालीस (४४)
पैंतालीस (४५)
छियालीस (४६)
सैंतालीस (४७)
अड़तालीस (४८)

Nineteen (19)
Twenty (20)
Twenty one (21)
Twenty two (22)
Twenty three (23)
Twenty four (24)
Twenty five (25)
Twenty six (26)
Tiwenty seven (27)
Twenty eight (28)
Twenty nine (29)
Thirty (30)
Thirty one (31)
Thirty two (32)
Thirty three (33)
Thirty four (34)
Thirty five (35)
Thirty six (36)
Thirty seven (37)
Thirty eight (38)
Thirty nine (39)
Forty (40)
Forty one (41)
Forty two (42)
Forty three (43)
Forty four (44)
Forty five (45)
Forty six (46)
Forty seven (47)
Forty eight (48)

उनचास (४६)	Forty nine (49)
पचास (५०)	Fifty (50)
इक्यावन (५१)	Fifty one (51)
बावन (५२)	Fifty two (52)
तिरपन (५३)	Fifty three (53)
चौवन (५४)	Fifty four (54)
पचपन (५५)	Fifty five (55)
छप्पन (५६)	Fifty six (56)
सत्तावन (५७)	Fifty seven (57)
अट्ठावन (५८)	Fifty eight (58)
उनसठ (५६)	Fifty nine (59)
साठ (६०)	Sixty (60)
इकसठ (६१)	Sixty one (61)
बासठ (६२)	Sixty two (62)
तिरसठ (६३)	Sixty three (63)
चौंसठ (६४)	Sixty four (64)
पैंसठ (६५)	Sixty five (65)
छियासठ (६६)	Sixty six (66)
सड़सठ (६७)	Sixty seven (67)
अड़सठ (६८)	Sixty eight (68)
उनहत्तर (६६)	Sixty nine (69)
सत्तर (७०)	Seventy (70)
इकहत्तर (७१)	Seventy one (71)
बहत्तर (७२)	Seventy two (72)
तिहत्तर (७३)	Seventy three (73)
चौहत्तर (७४)	Seventy four (74)
पचहत्तर (७५)	Seventy five (75)
छिहत्तर (७६)	Seventy six (76)
सतहत्तर (७७)	Seventy seven (77)

अठहत्तर (७८)	Seventy eight (78)
उन्यासी (७९)	Seventy nine (79)
अस्सी (८०)	Eighty (80)
इक्यासी (८१)	Eighty one (81)
बयासी (८२)	Eighty two (82)
तिरासी (८३)	Eighty three (83)
चौरासी (८४)	Eighty four (84)
पचासी (८५)	Eighty five (85)
छियासी (८६)	Eighty six (86)
सतासी (८७)	Eighty seven (87)
अट्ठासी (८८)	Eighty eight (88)
नवासी (८९)	Eighty nine (89)
नब्बे (९०)	Ninety (90)
इक्यानवे (९१)	Ninety one (91)
बानवे (९२)	Ninety two (92)
तिरानवे (९३)	Ninety three (93)
चौरानवे (९४)	Ninety four (94)
पचानवे (९५)	Ninety five (95)
छियानवे (९६)	Ninety six (96)
सत्तानवे (९७)	Ninety seven (97)
अट्ठानवे (९८)	Ninety eight (98)
निन्यानवे (९९)	Ninety nine (99)
(एक) सौ (१००)	(One) hundred (100)
दो सौ (२००)	Two hundred (200)
पाँच सौ (५००)	Five hundred (500)
एक हजार/एक सहस्र	One thousand (1000)
पाँच हजार (५०००)	Five thousand (5000)
दस हजार (१०,०००)	Ten thousand (10,000)
एक लाख (१,००,०००)	Hundred thousand One lakh (1,00,000)

सप्ताह के नाम

सप्ताह, हफ्ता	**Week**
रविवार, इतवार	Sunday
सोमवार	Monday
मंगलवार	Tuesday
बुधवार	Wednesday
गुरुवार, बृहस्पतिवार	Thursday
शुक्रवार	Friday
शनिवार	Saturday

महीनों के नाम

महीना	**Month**
जनवरी	January
फरवरी	February
मार्च	March
अप्रैल	April
मई	May
जून	June
जुलाई	July
अगस्त	August
सितम्बर	September
अक्तूबर	October
नवम्बर	November
दिसम्बर	December

फलों के नाम

फल	**Fruits**
अंगूर	Grape
अनन्नास	Pine apple

अनार	Pomegranate
अमरूद	Guava
आँवला	Gooseberry
आम	Mango
इमली	Tamarind
ईंख	Sugarcane
कटहल	Jack fruit
काजू	Cashewnet
किसमिस	Raisin
केला	Banana
खजूर	Date
खुबानी	Apricot
जामुन	Black berry
तरबूज	Water melon
नारंगी, सन्तरा	Orange
नाशपाती	Pear
नीबू	Lime
पपीता	Papaya
पिस्ता	Pistachio
बादाम	Almond
बेर	Jujub
मौसंबी	Mosambi
शहतूत	Mulbury
सतालू	Peach
सीताफल	Custard apple
सेब	Apple

सब्जियों के नाम

तरकारियाँ	**Vegetables**
अरबी	Colocasia
आलू	Potato
ककड़ी	Cucumber
कद्दू	Pumpkin
करेला	Bittergourd
काली मिर्च	Black Pepper
कुकुरमुत्ता	Mushroom
कुन्दरू	Little gourd
गाजर	Carrot
गोभी	Cabbage
चिंचिड़ा	Snakegourd
चुकन्दर	Beet root
टमाटर	Tomato
पपीता	Papaya
पेठा	Ash pumpkin
प्याज़	Onion
फूलगोभी	Cauli flower
बन्दगोभी	Cabbage
बैंगन	Bringal
भिंडी	Lady's finger
मिर्च	Chilli
मूली	Raddish
लालमिर्च	Red chilli
शकरकन्द	Sweet potato
सहजन	Drumstick
सूरन	Yam
सोयाबीन	Soyabean

सम्बन्धों के नाम

सम्बन्ध	Relations
चाचा	Uncle
चाची	Aunty
जेठ	Brother-in-law
जेठानी	Sister-in-law
दादा	Grand father
दादी	Grand mother
दामाद	Son-in-law
नाना	Grand father
नानी	Grand mother
पति	Husband
पत्नी	Wife
बहू	Daughter-in-law
पिता	Father
पुत्र	Son
पुत्री	Daughter
पोता	Grand son
पोती	Grand daughter
बहन	Sister
भतीजा	Nephew
भतीजी	Niece
भाई	Brother
भांजा	Nephew
भांजी	Niece
माता	Mother
मामा	Maternal Uncle
मामी	Maternal Aunt
मौसी	Mother's Sister
ससुर	Father-in-law
सास	Mother-in-law

वाक्य शुद्धि

निम्नलिखित उदाहरण ध्यान से देखिए–

अशुद्ध	शुद्ध
1. मेरा बहन ने आज स्कूल नहीं गया।	मेरी बहन आज स्कूल नहीं गयी।
2. मैं तुमको एक बात बोलना चाहता हूँ।	मैं तुमसे एक बात बोलना चाहता हूँ।
3. वह आते ही मैं जायगा।	उसके आते ही मैं जाऊँगा।
4. वह मुझसे बिना कहकर चला गया।	वह मुझसे बिना कहे चला गया।
5. लड़की ने कौन किताब लायी।	लड़की कौन-सी किताब लायी।

निम्नलिखित वाक्यों को शुद्ध कीजिए–

1. तुलसीदास हिन्दी में रामायण लिखा है।
2. राम का बहन को नाम सुलोचना है।
3. मैंने झूठ नहीं बोला।
4. आप आने पर बच्चे खाने खाये?
5. शारदा पाठ कब सीखी?
6. मेरा घोड़ा का दाम सौ रुपया है।
7. सीता ने माँ से एक साड़ी पूछी।
8. उन लोग कब पूना हाता है।
9. सिंह को देखकर वह डर हो गया।
10. वह मुझको विश्वास नहीं करता।
11. हम स्कूल में आकर दो घण्टा हुआ।
12. मैंने पिताजी से एक रुपया खरीदा।
13. तुम तुम्हारा नाम कागज पर लिखो।
14. मुझके लिए बाप ने किताब लायी।

15. मुझे एक भाई है।
16. गेंद मिलकर लड़का बहुत खुशी हुआ।
17. मैंने कल पंडितजी को मिला।
18. तुम तुम्हारा नाम कागज पर लिखो।
19. मेरा भाई का बेटी को नाम लीला है।
20. हवे में घूल उड़ रहा है।
21. हम हिन्दी सीखना चाहिए।
22. डाकवाला ने चिट्ठी लाया।
23. मुझको आज गाना नहीं सकता है।
24. वह लड़का मार खाया।
25. मैं मेरी कहानी सुनाऊँगा।

सरल वाक्यों का अनुवाद

अंग्रेजी वाक्य–

1. He has Courage.
2. She lifted her son.
3. Mohan is stronger than Raju.
4. The glass fell down and broke into pieces.
5. There is a Snake in the room.

हिन्दी वाक्य–

1. उसमें साहस है।
2. उसने अपने बेटे को उठाया।
3. मोहन राजू से ज्यादा मजबूत है।
4. गिलास गिर गया और टूटकर टुकड़े-टुकड़े हो गये।
5. कमरे में साँप है।

अभ्यास

अंग्रेजी वाक्यों का हिन्दी में अनुवाद कीजिए–

1. I have two sons.
2. What can a poor man do in this world!
3. There is a forest around our village.
4. The Ganges is considered sacred among all rivers.
5. Of course, I would have come, but I missed the train.
6. I made the students to count upto hundred.
7. Run fast otherwise you will be late.

8. I liked your poem very much.
9. I am not able to walk.
10. The result of the examination will be declared soon.

हिन्दी वाक्यों का अंग्रेजी में अनुवाद कीजिए–

1. उसने तुम्हें धोखा नहीं दिया।
2. आज अध्यापक ने हमें सजा दी।
3. क्या उसने चोरी की?
4. रुद्र ने किताब क्यों फाड़ी?
5. उसकी नाक से खून नहीं आ रहा था।
6. शोधकर्ता ने विषय का प्रतिपादन सन्तोषजनक ढंग से किया।
7. उसको यह कहने का अधिकार नहीं है।
8. मैंने वह घर छोड़ दिया।
9. क्रिकेट में उसकी रुचि नहीं है।
10 इससे मुझे आश्चर्य हुआ।

बोध-प्रश्न

(1)

एक भयानक रात थी। मथुरा के सभी निवासी सुख की नींद सो रहे थे। केवल दो राजबन्दी जाग रहे थे–देवकी और वसुदेव। देवकी मथुरा के राजा कंस की बहन थी। वसुदेव थे उसके पति अर्थात कंस के बहनोई। कंस अपने पिता उग्रसेन को कारागार में डालकर राजा बन बैठा था। फिर वह देवकी और उसके पति का कब खयाल करता? एक भविष्यवाणी के बाद उसके मन में यह भय समा गया था कि देवकी का आठवाँ पुत्र उसके प्राणों का ग्राहक होगा। इसलिए उसने देवकी के सात पुत्रों का वध कर दिया था। अब आठवें की बारी थी।

बोध-प्रश्न

(1) देवकी कौन थी?

(2) वसुदेव कौन थे?

(3) कंस किस प्रकार राजा बन बैठा था?

(4) कंस को क्या भय था?

(5) उसने देवकी को बन्दी क्यों बनाया था?

उत्तर

(1) देवकी मथुरा के राजा कंस की बहन थी।

(2) वसुदेव देवकी के पति थे अर्थात् राजा कंस के बहनोई थे।

(3) कंस अपने पिता उग्रसेन को कारागार में डालकर राजा बन बैठा था।

(4) एक भविष्यवाणी के बाद कंस के मन में यह भय समा गया था कि देवकी का आठवाँ पुत्र उसके प्राणों का ग्राहक होगा।

(5) कंस को भय था कि देवकी का आठवाँ पुत्र उसे मार डालेगा। इसलिए उसने देवकी तथा उसके पति वसुदेव को कारागार में बन्दी बना दिया था।

अभ्यास

निम्नलिखित गद्यांशों को ध्यान से पढ़कर नीचे दिए गए प्रश्नों का उत्तर लिखिए–

1. ईश्वर की लीला विचित्र है। जब संसार में किसी प्रकार का अभाव हो जाता अथवा किसी बात की आवश्यकता से अधिक प्रचुरता हो जाती है, तब ऐसा प्रबन्ध कर देता है कि स्थिति पुन: प्रकृति के अनुकूल हो जाती है। इसी नियम के अनुसार ऐसे महानुभावों का प्रादुर्भाव भी होता है जो अपनी प्रतिभा से संसार को चकित कर बुराइयों का मूलच्छेद कर भलाइयों की स्थापना में दत्तचित्त होते हैं और अपनी दृढ़ता, आदर्शचरितता, सत्यनिष्ठा, दूरदर्शिता आदि सद्गुणों से जिस देश में उत्पन्न होते हैं उसकी भावी उन्नति का मार्ग सुविस्तृत तथा परिमार्जित कर जाते हैं। राजा राममोहन राय इन्हीं महानुभावों में से थे। ये अपने जीवनकाल में धार्मिक, सामाजिक और राजनैतिक अवस्थाओं के सुधार में प्रशंसनीय कार्य कर मातृभूमि के कल्याण में दत्तचित्त हुए थे।

बोध-प्रश्न

(1) किस नियम के अनुसार महानुभावों का प्रादुर्भाव होता है?
(2) वे क्या करते हैं?
(3) उनमें क्या-क्या सद्गुण होते हैं?
(4) राजा राममोहन राय किन महानुभावों में से थे।
(5) वे किस बात में दत्तचित्त हुए थे और कैसे?
(6) इस गद्यांश के लिए कोई उचित शीर्षक बताइए।

2. रज्जब एक कसाई था। वह रोजगार करके अपने घर लौट रहा था। शाम हो गयी थी। गाँव बहुत दूर था। आगे का रास्ता भयंकर और सुनसान था। उसकी पत्नी भी उसके साथ थी, जिसे बुखार आ गया। पैसे पास में नहीं थे। इसलिए रज्जब ने रात को रास्ते के किसी गाँव में रुक जाना ही ठीक समझा, परन्तु ठहरे कहाँ? कसाई को जगह कौन देगा? उसने कई लोगों से स्थान माँगा पर किसी ने मंजूर नहीं किया। गाँव में एक ठाकुर रहता था। लोग उसे डर के मारे राजा कहते थे। मुसीबत के मारो रज्जब ठाकुर के घर पहुँचा। जब ठाकुर को मालूम हुआ कि वह कसाई है, तब वह क्रुद्ध होकर बोला–"जानते हो यह किसका

घर है। यहाँ आने की हिम्मत कैसे की तुमने?" रज्जब बोला–"यह राजा का घर है, इसलिए मैं शरण में आया हूँ। यह सुनकर ठाकुर की कठोरता दूर हो गयी। उसने एक कोने में थोड़ी जगह रज्जब और उसकी पत्नी को दे दी।

बोध-प्रश्न

(1) रज्जब को रास्ते के गाँव में क्यों रुकना पड़ा?

(2) गाँव वालों ने उसको जगह क्यों नहीं दी?

(3) रज्जब ठाकुर के पास क्यों गया था?

(4) ठाकुर ने उसके साथ कैसा व्यवहार किया?

(5) ठाकुर कैसा आदमी था?

3. राजा हर्ष के समय में शिक्षा का बहुत प्रचार-प्रसार था–यह ह्वेनसांग के लेखों से ज्ञात होता है। उस समय के प्रसिद्ध विश्वविद्यालयों के नाम हम इस सुदूर काल में भी जानते हैं। तक्षशिला वैद्यक की और उज्जैन ज्योतिष की शिक्षा के लिए बहुत प्रसिद्ध था। काशी सब शास्त्रों का शिक्षा-केन्द्र था। इनमें सबसे अधिक प्रसिद्ध नालन्दा विश्वविद्यालय था। ह्वेनसांग ने भी इस विद्यापीठ से विद्या प्राप्त की थी। उसने अपनी पुस्तक में इसका विस्तृत वर्णन किया है। उन्होंने लिखा है–"इसमें शिक्षा पाने वाले विद्यार्थियों की संख्या कई हजार है। वे लोग अत्यन्त योग्य और बुद्धिमान हैं। उनका आचरण शुद्ध और निर्दोष है। ये नैतिक नियमों का पालन सच्चाई के साथ करते हैं। प्रश्नों के पूछने और उत्तर पाने के लिए दिन पर्याप्त नहीं होता है। सवेरे से रात तक ये लोग वाद-विवाद में लगे रहते हैं। वाद-विवाद में प्रसिद्धि चाहने वाले विद्वान भिन्न-भिन्न नगरों से अपने सन्देह दूर करने आते हैं। कुछ लोग अपने को जबरदस्ती नालन्दा का विद्यार्थी कहने लगते हैं। क्योंकि वहाँ पढ़े हुए विद्यार्थियों का सर्वत्र सम्मान होता है। यहाँ प्रविष्ट होने के पहले हर एक को प्राचीन और नवीन ग्रन्थों का अच्छी तरह अध्ययन करना पड़ता है। इससे जो विद्यार्थी यहाँ अजनबी की भाँति आते हैं, उन्हें अपनी योग्यता कठिन वाद-विवाद से सिद्ध करनी पड़ती है।"

बोध-प्रश्न

(1) राजा हर्ष के समय किन-किन स्थानों में किन-किन विषयों की शिक्षा दी जाती थी?

(2) ह्वेनसांग ने किस विश्वविद्यालय से शिक्षा पायी थी?

(3) ह्वेनसांग ने तक्षशिला के विषय में क्या लिखा है?

(4) 'वाद-विवाद' का क्या आशय है?

(5) कुछ लोग अपने को जबरदस्ती नालन्दा विश्वविद्यालय का विद्यार्थी क्यों कहते थे?

(6) नालन्दा में विद्यार्थी किस प्रकार प्रविष्ट हो सकते थे?

बातचीत

पुस्तक-विक्रेता से बातचीत

रमिता : महाशय! मुझे मुंशी प्रेमचन्द का उपन्यास 'कफन' चाहिए। आपके यहाँ है क्या?

विक्रेता : जी हाँ, अभी देता हूँ।

रमिता : मुझे कामिल बुल्के का अंग्रेजी-हिन्दी शब्दकोश भी चाहिए।

विक्रेता : यह भी लीजिए।

रमिता : एक दर्जन अभ्यास-पुस्तिकाएँ भी दीजिएगा।

विक्रेता : जी अच्छा।

रमिता : कितने रुपये हुए?

विक्रेता : अभी बिल देता हूँ।

रमिता : यह लीजिए। बाकी के पैसे जल्दी लौटाइए। हमें देर हो रही है।

विक्रेता : यह लीजिए बाकी के पैसे और यह बहन जी! यह रहा आपका बंडल।

रमिता : धन्यवाद।

अभ्यास

निम्नलिखित प्रश्नों पर विचार कीजिए–

1. अस्पताल में डॉक्टर और मरीज के बीच बातचीत तैयार कीजिए।
2. टिकट निरीक्षक और यात्री के बीच बातचीत तैयार कीजिए।
3. बैंक में खाता खोलने के सम्बन्ध में बातचीत तैयार कीजिए।
4. अध्यापक और छात्र के बीच बातचीत तैयार कीजिए।

रचनात्मक लेखन

रचनात्मक लेखन भावना, विचार एवं कल्पना को उजागर करनेवाली मूल सामग्री तैयार करने की कला है। इसमें कथा, कविता, गैर-कथा, उपन्यास, नाटक जैसे विभिन्न रूप शामिल है।

कहानी लेखन (Story Writing)

कहानी, रचनात्मक लेखन की एक प्रमुख विधा है। जीवन के किसी एक घटना के रोचक वर्णन को कहानी कहते हैं। कहानियों का उद्देश्य मनोरंजन होता है। साथ ही कहानी हमें कुछ शिक्षा भी देती है। कहानी की भाषा आकर्षक होनी चाहिए। छोटे संवाद एवं सरल भाषा का प्रयोग कहानी की खासियत है। रूपरेखा के आधार पर, चित्र के आधार पर या किसी विषय को लेकर कहानी लिख सकते हैं।

रूपरेखा के आधार पर कहानी लेखन (Out Line Story)

ऐसी कहानी लेखन में कुछ मुद्दे दिए जाते हैं जिन्हें जोड़कर हमें कहानी लिखना है। यह अधूरी कहानी को पूरा करने का अभ्यास है।

एक उदाहरण देखिए–

एक कौआ.........प्यास से व्याकुल होता ....इधर-उधर पानी की तलाश करना ....एक जगह एक घड़े में पानी का होना ....पानी का कम होना ....कौए की चोंच का पानी तक न पहुँचना ....उपाय ....घड़े में पत्थर डालना ....पानी की सतह ऊँची होना ....कौए का पानी पीना

एक कौआ प्यास के कारण व्याकुल होकर इधर-उधर पानी की खोज में भटक रहा था। वह बहुत अधिक प्यासा था। उड़ते-उड़ते अचानक उसकी नज़र एक घड़े पर पड़ी। उसने मन में सोचा बहुत, "इसमें अवश्य पानी होगा"। वह उड़कर घड़े के ऊपर जा बैठा। जैसे ही वह झुककर पानी पीने जा रहा था, उसने देखा पानी

बहुत कम है। उसकी चोंच पानी की सतह तक नहीं पहुँच पा रही थी। उसे बहुत दु:ख हुआ। थोड़े समय तक सोचता रहा कि क्या किया जाये। कठिन प्यास के कारण उसकी जान तो निकल रही थी। अचानक उसे एक उपाय सूझा। उसने अक्ल से काम किया। ज़मीन से कुछ पत्थर उठाकर उस घड़े में डालने लगा। पत्थर के कारण पानी की सतह धीरे-धीरे ऊपर आने लगी। अन्त में पानी ऊपर आ गया। उसने झुककर पानी पिया। प्यासा कौआ इस प्रकार अपनी प्यास बुझाकर सन्तुष्ट हो गया।

अभ्यास

निम्नलिखित रूपरेखा को ध्यान से पढ़कर उचित शीर्षक देकर कहानी पूरा कीजिए

1. एक आलसी किसान........अमीर होने का सपना ....साधू के पास जाना ....गुप्त धन की जानकारी पूछना ....साधू का कहना ....गुप्त धन खेत में ....किसान द्वारा रोज़ खेत को खोदना ....धन न मिलना .... किसान निराश होना ....बरसात के दिनों में बीज डालना ....अच्छी फसल ....किसान के पास अच्छा धन ....शीर्षक

2. सज्जन पिता का गुणवान पुत्र ....बुरी संगत में फँसना ....पिता को दु:ख ....उपदेशों का असर नहीं ....पिता का बाज़ार से आम खरीदना ....साथ में एक सड़ा हुआ आम भी लाना.......पुत्र को बुलाना.....उन आमों के साथ सड़ा आम भी रखने के लिए कहना ....दूसरे दिन आम खाने के लिए कहना ....कई आम सडे हुए ....पुत्र पर असर ....शीर्षक

3. जंगल में सियार ....नील की टंकी में गिर गया ....राजा बनना ....भेद खुल जाना ....सिंह द्वारा मार डालना ....शीर्षक

4. एक किसान ....वह बहुत ....। उनके चार बेटे थे। चारों हमेशा .... उनकी आपस की कलह देखकर किसान ....। उसने अपने बेटे से कहा कि ....। पिता के कहने पर ....। सबने बारी-बारी ....परन्तु लकड़ियों का गट्ठर उनसे ....। उसके बाद पिता ने ....। सबने एक-एक लकड़ी ....। अब किसान ने कहा कि........। शीर्षक

फ़िल्म की कहानी (Film Story)

फ़िल्म की कहानी लिखते वक़्त पटकथा पर विशेष ध्यान देना अनिवार्य है। पटकथा के तीन अंग होते हैं–कहानी, दृश्यमय बुनावट और संवाद। सबसे पहले रूपरेखा

तैयार करना है। उसके बाद कहानी को आगे बढ़ाना है। उसके लिए दृश्यों को तैयार करके पात्रानुकूल संवाद का प्रयोग करना चाहिए। फ़िल्म में काल्पनिकता की प्रधानता होती है। इसमें शुरुआत, मध्य और अन्त होनी चाहिए। फ़िल्म की कहानी क्रमवार चलनी चाहिए।

एक उदाहरण देखिए

'पा' फ़िल्म के मुख्य अभिनेता के रूप में अमिताभ बच्चन (ऑरो), अभिषेक बच्चन (अमोल आर्ते), विद्या बालन, परेश रावल, अरुन्धति नाग, तरुणी सचदेव और वरुण शुक्ला आते हैं। यह आर बाल्की द्वारा निर्देशित फ़िल्म है।

'पा' फ़िल्म की कहानी ऑरो पर आधारित है जो एक बुद्धिमान लड़का है। वह प्रोजेरिया जैसे सिंड्रोम से पीड़ित है। मानसिक रूप से वह अपनी उम्र के हिसाब से एकदम सही है, लेकिन शारीरिक रूप से वह अपनी उम्र से बहुत बड़ा दिखता है। ऑरो अपनी माँ के साथ रहता है जो एक स्त्री रोग विशेषज्ञा है। उनके पिता अमोल आर्ते एक युवा प्रगतिशील और आदर्श राजनीतिज्ञ हैं। स्कूल के पुरस्कार समारोह में ऑरो की मुलाकात युवा नेता अमोल आर्ते से होती है और दोनों एक-दूसरे को पसन्द करने लगते हैं। बाद में ऑरो को पता चलता है कि अमोल ही उसके पिता हैं। शादी के पहले ही उसकी माँ प्रेग्नेंट हो गयी थी और ऑरो के पिता नहीं चाहते थे कि वह इस दुनिया में जन्म ले, जिसे लेकर माता-पिता में अनबन हो गयी। कहानी ऑरो के इर्दगिर्द घूमती है। ऑरो का सपना है कि उसके माता-पिता फिर एक हो जायें और वह अपने मकसद में कामयाब होता है। फ़िल्म की कहानी का नयापन और पेश करने का रोचक अन्दाज दर्शकों को बाँधकर रखता है। ऑरो के चरित्र को अमिताभ बच्चन ने स्क्रीन पर जीवन्त कर दिया है। अभिषेक बच्चन और विद्या बालन के अभिनय भी सराहनीय हैं।

अभ्यास

निम्नलिखित प्रश्नों पर विचार कीजिए।

1. अपने मनपसन्द अभिनेता/अभिनेत्री की किसी फ़िल्म की कहानी लिखिए।
2. बच्चों की प्रेरणादायक किसी घटना पर फ़िल्म कहानी लिखिए।
3. जीवन में संगीत के प्रभाव पर आधारित फ़िल्मी कहानी लिखिए।
4. पालतू जानवर और मनुष्य के बीच के सम्बन्ध दिखाने वाली एक फ़िल्मी कहानी लिखिए।
5. सैनिक जीवन पर आधारित फ़िल्मी कहानी लिखिए।

चित्र कथा (Picture Story)

यह एक ऐसा माध्यम है जहाँ विचारों को व्यक्त करने के लिए सामान्य पाठ्यक्रम की अपेक्षा चित्रों को उपयुक्त करते हैं। चित्र कथा लिखते वक़्त चित्र को अच्छी तरह से देख लेना चाहिए। चित्र के मूलभाव को समझने का प्रयास करें। विषय के अनकूल वाक्यों का प्रयोग करके चित्र कथा का वर्णन करना चाहिए।

लोमड़ी और कौआ

एक दिन एक लड़का खाना खा रहा था कि एक कौआ उड़कर कहीं से आया और लड़के के हाथ से खाने का टुकड़ा झपट कर एक वृक्ष पर जा बैठा और मजे से खाने लगा। तभी एक लोमड़ी उधर से गुज़री। उसने कौए की चोंच में खाने के टुकड़े को देखा और लालच से अपने होंठों पर जीभ को फेरा। लोमड़ी ने कौए से कहा–"भाई तुम कितने प्यारे दिखते हो, तुम्हारे चमकीले पंख और चोंच इतनी सुन्दर है तो तुम्हारी आवाज़ कितनी मधुर होगी।"

कौआ अपनी झूठी प्रशंसा सुनकर खुश हो गया और ज़ोर-ज़ोर से काँव-काँव करने लगा। ऐसा करते ही उसकी चोंच में दबा हुआ खाने का टुकड़ा नीचे गिर गया, जिसे उठाकर लोमड़ी भाग गयी। चालाक लोमड़ी ने जाते वक़्त कहा–"प्यारे कौए तुम्हारी आवाज़ तो अच्छी है, पर बुद्धि नहीं है।"

अभ्यास

निम्नलिखित चित्रों को ध्यान से देखिए और उसके आधार पर कहानी लिखिए–

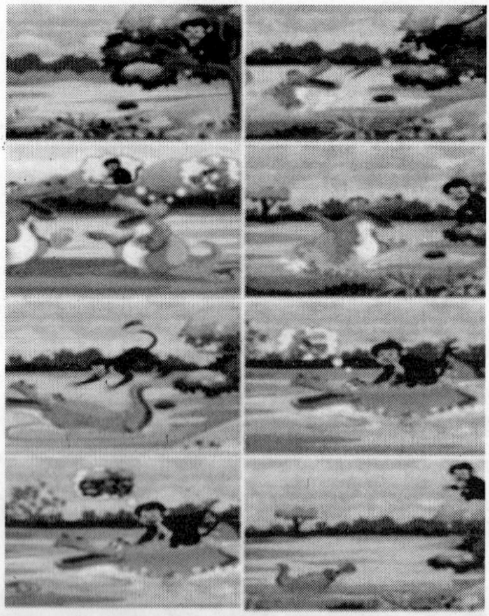

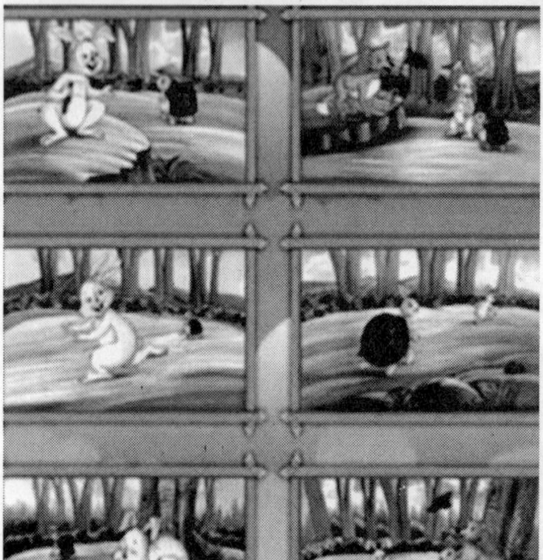

वर्णनात्मक लेखन (Narrative Writing)

वृतान्त लेखन (Incident Wrinting)

यह किसी सत्य घटना, कार्ययोजना, समारोह आदि के बारे में प्रत्यक्ष देखकर या छानबीन करके तैयार की जाती है। इसकी भाषा सरल होनी चहिए।

एक उदाहरण देखिए–

अपने कॉलेज में मनाये गये हिन्दी दिवस का वृत्तान्त रोचक भाषा में लिखिए–

दिनांक 14 सितम्बर 2023 को हमारे कॉलेज में हिन्दी दिवस का समारोह मनाया गया। समारोह का आयोजन सुबह 11 बजे से शुरू हुआ था, जो लगभग दो घंटे तक चला। समारोह के लिए हिन्दी विभाग द्वारा विविध कार्यक्रम तैयार किये गये थे। समारोह का प्रारम्भ छात्राओं द्वारा प्रार्थना गीत से हुआ जिसमें सभी शिक्षक और छात्र भाग लिए। समारोह के मुख्य अतिथि डॉ. विकास मेहता थे, जो एक विख्यात हिन्दी भाषा विद्वान हैं। उन्होंने हिन्दी भाषा के महत्त्व के बारे में एक शानदार भाषण दिया।

अतिथियों के भाषण के बाद छात्रों द्वारा एक कवि सम्मलेन भी आयोजित किया गया था। समारोह के अन्त में सभी को हिन्दी दिवस की शुभकामनाएँ दी गयीं।

अभ्यास

1. अपने कॉलेज में मनाये गये शिक्षक दिवस का वृत्तान्त रोचक भाषा में लिखिए।
2. आपके विद्यालय में सम्पन्न 'बेटी बचाओ, बेटी पढाओ' अभियान का वृत्तान्त लेखन कीजिए।
3. 2018 में केरल में घटित प्रलय के सम्बद्ध में एक वृत्तान्त लेखन लिखिए।
4. आपके कॉलेज में मनाये गये 'वाचन प्रेरणा दिवस समारोह' का लगभग 60 से 80 शब्दों में वृत्तान्त लेखन लिखिए।

समाचार लेखन (News Writing)

समाचार लेखन में घटना काल व समय की पूरी जानकारी उपलब्ध कराई जाती है ताकि समाचार पढ़ने वालों के मस्तिष्क में किसी प्रकार की शंका न रहे। वर्तमान युग में इसे सर्वश्रेष्ट साधन माना जाता है। प्राप्त समाचार का सम्पादन विभिन्न माध्यम समाचारपत्र, रेडियो तथा दूरदर्शन द्वारा हो रहा है। वैज्ञानिक प्रगति के साथ-साथ संचार प्रणाली शीघ्रगामी हो गयी है जिसके ज़रिये समाचारों का त्रीव गति से आदान-प्रदान सम्भव हो सका है। समाचार लेखन की भाषा सम्प्रेषणीय होना आवश्यक है। नवीनता समाचार का सबसे महत्त्वपूर्ण तत्त्व है।

निम्नलिखित उदाहरण देखिए–

तेल लीक के कारण सिंगपुर जा रहा विमान नागपुर डायवर्ट

नयी दिल्ली : इंडिगो के मुम्बई से सिंगपुर जा रहे विमान को तेल लीकिंग के कारण बुधवार को नागपुर डायवर्ट किया गया। अपने बयान में एयरलाइन ने कहा, विमान का तकनीकी निरीक्षण अभी चल रहा है। यात्रियों को ठहराने के लिए एक वैकल्पिक विमान की व्यवस्था की गयी थी जिसने पाँच घण्टे की देरी से उड़ान भरी। मीडिया रिपोर्ट के मुताबिक 1 जनवरी को सिंगपुर जा रही इंडिगो फ्लाइट का तेल लीक होने के चलते उसे नागपुर डायवर्ट करना पड़ा।

(एन.ए.सी.)

अभ्यास

निम्नलिखित प्रश्नों पर विचार करके उचित समाचार तैयार कीजिए?

1. सड़क दुर्घटना पर समाचार तैयार कीजिए।
2. बाढ़ के बाद फैली महामारी पर समाचार तैयार कीजिए?
3. क़र्ज़ उतारने के लिए चित्रित लूट की झूठी कहानी पर समाचार तैयार कीजिए?
4. प्रदूषण फैलाने वाले कारखाने के सम्बन्ध में समाचार तैयार कीजिए?

संक्षेपण लेखन (Precis Writing)

किसी लम्बी-चौड़ी बात को थोड़े में या संक्षेप में कहना ही संक्षेपण है। इसमें अप्रासंगिक, असम्बन्ध बातों को छोड़कर मतलब की बात ग्रहण की जाती है और उसे अपने शब्दों में कह दिया जाता है।

संक्षेपण के लिए हिन्दी में कई शब्द प्रचलित हो गये है–संक्षेपीकरण, संक्षिप्तीकरण, संक्षिप्त लेख, संक्षिप्त लेखन, और गौण लेखन आदि। अंग्रेज़ी में इसे प्रेसी कहते हैं। यह शब्द फ्रेंच भाषा का है। प्रत्येक व्यक्ति प्रयत्न के विस्तार की अपेक्षा प्रयत्न लाघव को विशेष महत्त्व देते हैं। संक्षेपण प्रयत्न लाघव का उदाहरण है। जिस उद्धरण का संक्षेपण करना हो, उसे तब तक पढ़ते जाना चाहिए जब तक उसका भाव पूर्ण रूप से स्पष्ट न हो जाये। साथ ही आवश्यक बातों को रेखांकित करना चाहिए। इसमें से चमत्कारपूर्ण उक्तियों, लोकोक्तियों, उदाहरण, अलंकारों, पुनरावृत्तियों, अनावश्यक एवं असंगत बातों को छाँट देना चाहिए।

संक्षेपण के निम्नलिखित उदाहरण ध्यान से पढ़िए–

सामान्यतः संस्कृति और सभ्यता को एक ही वस्तु मान लिया जाता है। दोनों में निस्सन्देह घनिष्ठ सम्बन्ध है। उनकी एक-दूसरे पर प्रतिक्रिया होती है। सभ्यता भौतिक उन्नति का द्योतक है। सभ्यता मनुष्य की भौतिक आवश्यकताओं को पूर्ण करने के यत्न का परिणाम है, जबकि संस्कृति बौद्धिक उन्नति के प्रयत्नों से विकसित होती है। जैसा कि ऊपर कहा जा चुका है संस्कृति मनुष्य के मन और आत्मा के सुसंस्कार या परिष्कार को कहते हैं। अतएव वह अन्तर्मुखी है। वह रुचि, दृष्टिकोण और आचार के द्वारा व्यक्त होती है। दूसरी ओर सभ्यता बहिर्मुखी और भौतिक है। वह उन भौतिक आयोजनों और साज-सज्जा से सम्बन्ध रखती है, जिसको मनुष्य ने प्रकृति की शक्तियों पर विजय पाने के लिए और इस प्रकार मानव जीवन को सुविधापूर्ण तथा सुखमय बनाने के लिए विकसित किया है। उसमें आदिम मनुष्य के पत्थर के औज़ारों से लेकर आधुनिक स्पुतनिक तक शामिल है।

सभ्यता और संस्कृति

प्रायः सभ्यता और संस्कृति को एक ही समझ लिया जाता है। लेकिन इनमें काफ़ी अन्तर है। सभ्यता बाहरी वस्तु है और संस्कृति भीतरी। सभ्यता भौतिक आवश्यकताओं की पूर्ति के प्रयास का परिणाम है और संस्कृति बौद्धिक विकास के लिए किये प्रयत्नों का फल।

अभ्यास

निम्नलिखित गद्यांशों को पढ़कर संक्षेपण तैयार कीजिए–

1. अन्धकार में व्यक्ति भटकते हैं। वह असहाय हो जाता है उसे लगता है कि उसके हाथ में कुछ भी नहीं। इसलिए वह निराशा का शिकार हो जाता है। कुछ आत्मविश्वासी लोग अँधेरे में भी प्रकाश की किरणें लाने के लिए बेचैन रहते हैं। यह संघर्ष ही वास्तविक मानव की पहचान है। जो व्यक्ति संघर्ष करता है, उसे कुछ न कुछ सफलता अवश्य मिलती है। चाहे उसे जुगनू की रोशनी मिले या दीये की, उसके मन में एक विश्वास जन्म लेता है। यहाँ तक कभी-कभी उसकी अपनी आँखों की रोशनी ही तेज हो जाती है, इसलिए उसे रात के घने अँधेरे में भी दिखने लगता है। ये ही लोग समाज की आशा बनते हैं।
2. दया का अर्थ है किसी पीड़ित के दुख को देखकर पिघल जाना। यह हर मानव का सहज गुण है। परमात्मा ने सभी नर-नारियों की आँखों में आँसू दिये हैं। इन्हीं आँसुओं के बल पर कोई साधारण मनुष्य देवता बन जाता है और कोई राक्षस पिघलकर फिर से सच्चा मानव बन जाता है। जिस मनुष्य में जितनी अधिक दया होती है वह उतना ही कोमल, उदार और पूजनीय इन्सान बन जाता है। जितने भी महात्मा और नायक होते हैं उनमें यही गुण सबसे अधिक होता है। सभी धर्मों ने दया और करुणा पर बल दिया है।
3. विद्यार्थी जीवन को मानव जीवन की रीढ़ की हड्डी कहें तो कोई अतिशयोक्ति नहीं होगी। विद्यार्थी जीवन में बालक में जो संस्कार पड़ जाते है, जीवन भर वही संस्कार अमिट रहते हैं। इसलिए यही काल आधारशिला कहा गया है। यदि इस काल में बालक कष्ट सहन कर लेता है तो उसका स्वास्थ्य सुन्दर बनता है। यदि मन लगाकर अध्ययन कर लेता है तो उसे ज्ञान मिलता है। उसका मानसिक विकास होता है। जिस वृक्ष को प्रारम्भ से सुन्दर सिंचन और खाद मिल जाती है, वह पुष्पित एवं पल्लवित होकर संसार को सौरभ देने लगता है। इसी प्रकार विद्यार्थी काल में जो बालक श्रम, अनुशासन, समय एवं नियम का पालन करता है, वह भविष्य में सभ्य नागरिक बन जाता है। सभ्य नागरिक के लिए जिन-जिन

गुणों की आवश्यकता है, उन गुणों के लिए विद्यार्थी काल तो सुन्दर पाठशाला है। यहाँ पर अपने साथियों के बीच रहकर वे सभी गुण अपनाना आवश्यक है, जिनकी विधार्थी को अपने जीवन भर आवश्यकता होती है।

पत्र-लेखन (Letter writing)

दूर रहने वाले अपने सम्बन्धियों अथवा मित्रों की कुशलता जानने के लिए तथा अपनी कुशलता का समाचार देने के लिए पत्र एक साधन है। मनुष्य की भावनाओं की स्वाभाविक अभिव्यक्ति पत्राचार से होती है। पत्र-लेखन दो व्यक्तियों के बीच होता है। इसके द्वारा दो हृदयों का सम्बन्ध दृढ़ होता है। अत: पत्राचार ही एक ऐसा साधन है, जो दूरस्थ व्यक्तियों को भावना की एक संगमभूमि पर ला खड़ा करता है और दोनों में आत्मीय सम्बन्ध स्थापित करता है। पति-पत्नी, भाई-बहन, पिता-पुत्र–इस प्रकार के हज़ारों सम्बन्धों की नींव यह सुदृढ़ करता है। व्यावहारिक जीवन में यह वह सेतु है, जिससे मानवीय सम्बन्धों की परस्परता सिद्ध होती है। अतएव पत्राचार का बड़ा महत्त्व है।

आधुनिक युग में पत्र-लेखन को 'कला' की संज्ञा दी गयी है। पत्रों में आज कलात्मक अभिव्यक्तियाँ हो रही हैं। जिस पत्र में जितनी स्वाभाविकता होगी, वह उतना ही प्रभावकारी होगा। एक अच्छे पत्र के लिए कलात्मक सौन्दर्यबोध और अन्तरंग भावनाओं का अभिव्यंजन आवश्यक है। इससे लेखक के चरित्र, दृष्टिकोण, संस्कार, मानसिक स्थिति, आचरण इत्यादि सभी एक साथ झलकते हैं। अत: पत्र-लेखन एक प्रकार की कलात्मक अभिव्यक्ति है। लेकिन इस प्रकार की अभिव्यक्ति व्यावसायिक पत्रों की अपेक्षा सामाजिक तथा साहित्यिक पत्रों में अधिक होती है। पत्र लेखन दो प्रकार के होते हैं–

1. औपचारिक पत्र (Formal Letter)
2. अनौपचारिक पत्र (Informal Letter)

औपचारिक पत्र के अन्तर्गत मुख्यत: यह तीन पत्र आते है।

1. प्रार्थना-पत्र–जिन पत्रों में निवेदन अथवा प्रार्थना की जाती है, वे 'प्रार्थना-पत्र' कहलाते हैं। प्रार्थना-पत्र में अवकाश, शिकायत, सुधार, आवेदन आदि के लिए लिखे गये पत्र आते हैं।

2. कार्यालयी पत्र–जो पत्र कार्यालयी काम-काज के लिए लिखे जाते हैं, वे 'कार्यालयी पत्र' कहलाते हैं। ये सरकारी अफसरों या अधिकारियों, स्कूल और कॉलेज के प्रधानाध्यापकों और प्राचार्यों को लिखे जाते हैं।

3. **व्यावसायिक पत्र**–व्यवसाय में सामान खरीदने व बेचने अथवा रुपयों के लेन-देन के लिए जो पत्र लिखे जाते हैं, उन्हें 'व्यावसायिक पत्र' कहते हैं। इन पत्रों में दुकानदार, प्रकाशक, व्यापारी, कम्पनी आदि को लिखे गये पत्र आते हैं।

पत्र लिखते वक़्त निम्नलिखित बातों पर ध्यान देना ज़रूरी है–

1. 'सेवा में' लिख कर पत्र प्रापक का पदनाम तथा पता लिख कर पत्र की शुरुआत करें।
2. **विषय**–जिसके बारे में पत्र लिखा जा रहा है, उसे केवल एक ही वाक्य में शब्द-संकेतों में लिखें।
3. **सम्बोधन**–जिसे पत्र लिखा जा रहा है–महोदय/महोदया, माननीय आदि शिष्टाचारपूर्ण शब्दों का प्रयोग करें।
4. **विषय-वस्तु**–इसे दो अनुच्छेदों में लिखना चाहिए।
5. **पहला अनुच्छेद**–"सविनय निवेदन यह है कि" से वाक्य आरम्भ करना चाहिए, फिर अपनी समस्या के बारे में लिखें।
6. **दूसरा अनुच्छेद**–"आपसे विनम्र निवेदन है कि" लिख कर आप उनसे क्या अपेक्षा (उम्मीद) रखते हैं, उसे लिखें।
7. **हस्ताक्षर व नाम**–धन्यवाद या कष्ट के लिए क्षमा जैसे शब्दों का प्रयोग करना चाहिए और अन्त में भवदीय, भवदीया, प्रार्थी लिखकर अपने हस्ताक्षर करें तथा उसके नीचे अपना नाम लिखें।
8. **प्रेषक का पता**–शहर का मुहल्ला/इलाका, शहर, पिनकोड आदि।
9. **दिनांक**

एक अच्छे पत्र की पाँच विशेषताएँ हैं–

(1) सरल भाषाशैली

(2) विचारों की सुस्पष्टता

(3) संक्षेप और सम्पूर्णता

(4) प्रभावान्विति

(5) बाहरी सजावट

अनौपचारिक पत्र के उदाहरण देखिए–

आपकी कक्षा में एक नये अध्यापक पढ़ाने आये हैं जो कि बहुत अच्छा पढ़ाते

हैं। उनके विषय में परिचयात्मक सूचना देते हुए अपने मित्र को लगभग 80-100 शब्दों में एक पत्र लिखिए।

उत्तर–

मोतीगंज, नयी दिल्ली

प्रिय मित्र रवि सादर नमस्ते।

मैं यहाँ कुशल हूँ और आशा करता हूँ कि तुम भी वहाँ कुशल होंगे। मैं यह पत्र तुम्हें एक गणित के नये अध्यापक के बारे में बताने के लिए लिख रहा हूँ जो कि हमारे कॉलेज में पिछले सप्ताह ही पढ़ाने के लिए आये हैं। उनके पढ़ाने के तरीक़े ने गणित विषय को रोचक और सहज बना दिया है। उनके ट्रिक्स और समझाने के तरीक़े इतने अच्छे हैं कि मैं क्या बताऊँ? मुझे गणित का विषय बहुत टफ लगता था। इम्तिहान में भी इसी विषय में मुझे कम नम्बर आते थे। लेकिन लगता इस नये सर के मार्गदर्शन से मैं आगामी गणित के इम्तिहान में अच्छे नम्बर ला पाऊँगा। उनके ज्ञान और सहज व्यक्तित्व से अन्य सभी बच्चे भी बहुत प्रभावित हुए हैं। मैं तुम्हें भी उनके कुछ ट्रिक्स अगले पत्र में व्यक्त करूँगा।

तुम्हारा मित्र

अशोक

दिनांक 1/10/2023

औपचारिक पत्र के उदाहरण–

भारतीय स्टेट बैंक ऑफ़ इंडिया प्रधान कार्यालय, नरीमन प्वाइंट, मुम्बई को कुछ कम्प्यूटर ऑपरेटर्स की आवश्यकता है। अपनी योग्यताओं का विवरण देते हुए आवेदन-पत्र प्रस्तुत कीजिए।

उत्तर–

मुख्य प्रबन्धक महोदय

भारतीय स्टेट बैंक ऑफ़ इंडिया

प्रधान कार्यालय, नरीमन प्वाइंट

मुम्बई।

विषय–कम्प्यूटर ऑपरेटर पद पर भर्ती के सम्बन्ध में

महोदय

दैनिक जागरण समाचार-पत्र के 15 अक्टूबर, 20XX के अंक से ज्ञात हुआ कि इस बैंक के प्रधान कार्यालय में कम्प्यूटर ऑपरेटर के कुछ पद रिक्त हैं। प्रार्थी

भी अपना संक्षिप्त व्यक्तिगत विवरण प्रस्तुत करते हुए अपना आवेदन प्रस्तुत कर रहा है–

1. नाम–सुलेखा
2. पिता का नाम–श्री गोपाल
3. पत्र-व्यवहार का पता–सी-5/28, आशीर्वाद अपार्टमेंट, सेक्टर 15, रोहिणी, दिल्ली।
4. शैक्षिक योग्यता

क्रम संख्या	**उपाधि**	**विश्वविद्यालय**	**उत्तीर्ण होने का वर्ष**	**प्राप्तांक**
	बी.एस.सी.	दिल्ली विश्वविद्यालय	2017	82
	एम.एस.सी.	दिल्ली विश्वविद्यालय	2020	78

प्रशिक्षण–एक साल का कम्प्यूटर प्रशिक्षण

अनुभव–गत तीन साल से दिल्ली कोआपरेटिव बैंक में कार्यरत।

आशा है कि आप मेरी शैक्षिक योग्यताओं पर सहानुभूतिपूर्वक विचार करते हुए सेवा का अवसर प्रदान करेंगे।

सधन्यवाद

भवदीय

सुलेखा

23 अक्टूबर, 20XX

संलग्नक–सभी प्रमाण-पत्रों की प्रतिलिपियाँ

अभ्यास

निम्नलिखित प्रश्नों को ध्यान से पढ़कर पत्र तैयार कीजिए।

1. नेशनल बुक ट्रस्ट के प्रबन्धक को पत्र लिखकर हिन्दी में प्रकाशित नवीनतम बाल साहित्य की पुस्तकें भेजने हेतु अनुरोध कीजिए।
2. बहन की शादी पर छुट्टी के लिए प्रार्थना पत्र तैयार कीजिए।
3. विदेश यात्रा जानेवाले मित्रों को बधाई देते हुए पत्र तैयार कीजिए?
4. छात्रावास में प्रवेश पाने हेतु प्राचार्य के नाम पत्र तैयार कीजिए?

डायरी लेखन (Diary Writing)

डायरी लेखन एक कलात्मक क्रिया है। एक डायरी को हम अपने विश्वस्त मित्र की तरह मान सकते हैं, जहाँ हम अपने सुख-दुःख, विचार-विमर्श, और काम से सम्बन्धित गोपनीयता को बिना झिझक के प्रकट कर सकते हैं। डायरी लेखन हमारे मानसिक विकास और सृजनात्मकता को बढ़ावा देती है। इसके माध्यम से आप अपनी भावनाओं को उत्कृष्ट रूप से प्रकट करना सीखते हैं। डायरी लेखन विभिन्न प्रकार के हैं जैसे व्यक्तिगत डायरी लेखन, यात्रा डायरी लेखन, कार्यक्रम डायरी लेखन, रचनात्मक डायरी लेखन।

निम्नलिखित उदाहरण ध्यान से देखिए

आप अपने सहपाठियों और शिक्षकों के साथ स्कूल पिकनिक पर जा रहे हैं। आप बहुत उत्साहित हैं। यात्रा से एक रात पहले आप अपनी डायरी लिखने बैठ जाते हैं। बताएँ कि आपने पिकनिक के लिए क्या योजना बनाई है और आप वहाँ किस तरह का आनन्द लेने की उम्मीद करते हैं। अपनी डायरी 100-150 शब्दों में लिखें।

उत्तर

शुक्रवार, 20 अक्टूबर 2021

रात 8 बजे

प्रिय डायरी,

एक स्कूल पिकनिक

मैं आज रात बहुत उत्साहित हूँ। मैं कल अपने सहपाठियों के साथ पिकनिक पर जा रहा हूँ। हमारे कुछ शिक्षक भी हमारे साथ होंगे। हम इस यात्रा की योजना तब से बना रहे हैं जब हमारे प्रिंसिपल ने हमें एक महीने पहले अनुमति दी थी। हम लोधी पार्क जा रहे हैं।

इसमें एक बड़ा मैदान है जहाँ बच्चे स्वतन्त्र रूप से दौड़ सकते हैं और खेल सकते हैं। मेरी माँ ने मेरे लिए एक दर्जन सैंडविच और एक केक बनाया है। मेरे दोस्त भी कुछ खाना लायेंगे और हम सब मिलकर-बाँटकर खायेंगे और खेलेंगे।

मेरे लिए, यह एक सपने के सच होने जैसा है क्योंकि मैं लम्बे समय से पार्क में जाने की इच्छा कर रहा था। मैं इसका बहुत इन्तज़ार कर रहा हूँ।

मुझे लगता है कि मैं आज रात सो नहीं पाऊँगा। मैं उस सारी मौज-मस्ती की कल्पना करता रहता हूँ जो हम कल करने वाले हैं। लेकिन मेरी माँ ने मुझे चेतावनी दी कि अगर मैं अभी सोने नहीं गया, तो मैं पिकनिक पर सो सकता हूँ।

शुभ रात्रि!

नाम

अभ्यास

निम्नलिखित प्रश्नों को ध्यान से पढ़कर डायरी तैयार कीजिए–

1. कल आपके नये स्कूल में आपका पहला दिन था। आपने नये दोस्त बनाये। शिक्षक आपके लिए अच्छे थे और आपको कॉलेज का बुनियादी ढाँचा पसन्द आया। अपनी डायरी में नये कॉलेज के बारे में और अपने अनुभवों के बारे में लिखें।
2. वह आपके जीवन का सबसे ख़ुशी का दिन था जब आपके कक्षा शिक्षक ने आपको सूचित किया कि आपको 'वर्ष का सर्वश्रेष्ठ खिलाड़ी' चुना गया है। अब आपको वार्षिक दिवस समारोह में पुरस्कार मिलेगा। अपनी भावनाओं को दर्ज करते हुए एक डायरी एंट्री बनाये।
3. नीचे दी गयी जानकारी की मदद से एक डायरी एंट्री करें जिसमें बताया गया है कि कैसे आपने एक रात एक चोर को रंगे हाथों पकड़ा था।
   एक खूबसूरत शाम.........परिवार ने एक अच्छी रात का खाना खाया....... टीवी देखा.........सो गया.........नींद में खलल पड़ा...........कुछ हंगामा सुना ....संदिग्ध हो गया.........प्रकाश चालू हो गया.........माता-पिता भी उठ गये.........गड़बड़ में चीजें मिलीं ....कोई वहाँ आया था .... खोज शुरू हुई ....अन्त में कोई नहीं मिला.........मेरी नज़र एक पर्दे के पीछे जूते पर पड़ी.........वह चोर था.........सभी उस पर झपट पड़े......... पकड़े गये.........पुलिस को सौंप दिया गया।
4. आज आपका जन्मदिन है और आपके पिता ने आपको एक लापटॉप उपहार में दिया है। आप इसे पाकर बहुत खुश हैं जैसा कि आप लम्बे समय से चाहते थे। बिस्तर पर जाने से पहले आप अपनी ख़ुशी को अपनी डायरी से साझा करने का इरादा रखते हैं। अपनी भावनाओं को व्यक्त करते हुए 100-150 शब्दों में एक डायरी एंट्री तैयार करो?